随势

市场交易投资进阶之道

焦健
编著

中国财经出版传媒集团
中国财政经济出版社

图书在版编目（CIP）数据

随势：市场交易投资进阶之道／焦健编著．--北京：中国财政经济出版社，2023.2

ISBN 978-7-5223-1860-8

Ⅰ．①随…　Ⅱ．①焦…　Ⅲ．①市场交易　Ⅳ．①F713.50

中国国家版本馆 CIP 数据核字（2023）第 018449 号

责任编辑：贾延平　胡雪滢　　　责任校对：胡永立
封面设计：陈宇琰　　　责任印制：刘春年

随势——市场交易投资进阶之道

SUISHI——SHICHANG JIAOYI TOUZI JINJIE ZHIDAO

中国财政经济出版社 出版

URL：http：//www. cfeph. cn

E-mail：cfeph@ cfeph. cn

社址：北京市海淀区阜成路甲 28 号　邮政编码：100142

营销中心电话：010-88191522　编辑部电话：010-88190957

天猫网店：中国财政经济出版社旗舰店

网址：https：//zgczjjcbs. tmall. com

北京时捷印刷有限公司印刷　各地新华书店经销

成品尺寸：170mm×240mm　16 开　17.5 印张　212 000 字

2023 年 3 月第 1 版　2023 年 3 月北京第 1 次印刷

定价：72.00 元

ISBN 978-7-5223-1860-8

（图书出现印装问题，本社负责调换，电话：010-88190548）

本社质量投诉电话：010-88190744

打击盗版举报热线：010-88191661　QQ：2242791300

“随”行天下

焦健先生，中国期货投资界的翘楚，将常年的资本市场践行和感悟、观察与思考，编撰成册，盛情邀我写推荐语，是我的荣幸。

《彖》曰：“随，刚来而下柔，动而说，‘随’。大‘亨，贞，无咎’，而天下随时。随时之义大矣哉。”见道而从，见善而行，见贤思齐，见义勇为，就是随的本质。君子能够以之为乐，大成之势也。

没想到，焦健兄以“随”贯文，与我颇有共鸣，一口气读完，满纸的“随”意，甚快！推荐语也不写了，直接向焦健兄讨序，欲借“随”友力作，表达一番我的“随”感。

随着新冠病毒感染流行以来，中国资本市场跌宕起伏，此间竟然发生了两次牛熊状态的翻转，这是极大的波动（2019—2021 年经历了三年“Risk - on”后，2021 年 12 月，市场状态急转直下，牛熊翻转，历经 5 个月的“Risk - off”，惨烈杀跌，终于在 2022 年 5 月逐渐企稳修复。从目前状态来看，有可能重回乐观者定价模式之中）。

其中到底发生了什么，在我看来，无非是经历了一次随势的迷失，中国资本市场一直是最敏感的系统治理的“晴雨表”。经此番翻转起伏，我们或许更能感受到，今天“随势”的弥足珍贵，真乃“塞翁失马，焉知非福”。

我曾在市场情绪最悲观之时，写下这样一段文字：

知止不殆，反者道之动，性空缘起，都是随势！

有时候人们感觉政策有点“随”的味道了，市场可能就悄然转“势”了。今天，中国人口出现老龄化、少子化，“滞”是客观存在，我们必须接受；“胀”是系统内卷，我们必须克服，需去顺应，而“随势”是一种方法。营造好政策和制度环境，让国有企业敢干，民营企业敢闯，外资企业敢投，若如此“随境”，则中国资本市场可以进入由乐观者定价主导的长期趋势。

不较劲，不折腾，随势而变，因势而行，这其实就是我们不断倡导的那个走向胜利的工作法宝——实事求是！

陈云同志曾提出过“十五字”工作法：“不唯上、不唯书、只唯实，交换、比较、反复”，前九个字，实际上讲出了随势的精神——实事求是；后六个字，实际上讲出了随势的方法，这也是主观和客观、认识和实践的高度统一。

“随”是中国文化、中国哲学、中国智慧中集大成的那个“点”，大道相通，“随势”而行，正如焦健兄在本书构建的投研体系（CME）的感悟。投资风险产生的根源就是资本市场的不确定性，是对资本市场认识的天然预期偏差。从这个意义上讲，投资就如同巡航制导，需要对随动偏差展开研究、跟踪和校准。按照现代数理学科的术语来说，这就是采用了贝叶斯概率思维方法，通过“预判—验证—修正”的持续收敛过程，不断缩小偏差，趋近价值本身。

投资人每天都要面对可能与概率、亏损与盈利、自由与自律等情形，焦健兄以深厚的中国传统文化沉淀巧妙地为投资人解读了现代资本市场的投资心理，古为今用，取市观象，其中，所有的精妙都可以归结为一词——随势。

我非常享受“随势”之作的阅读体验，乐于将此书推荐给广大投资者，希望对投资者有所帮助。

刘煜辉

中国社会科学院经济研究所教授

2022 年 8 月于山水洲城

自　序

随，刚来而下柔，动而说。随，大亨，贞无咎，而天下随时。随时之义大矣哉！

——《周易·彖传》

随着中国社会的改革开放，资本市场作为市场经济高级形式的舶来品被引入中国，在市场各方参与者摸索前行中闯出了一番天地，成为全球规模第二的大市场，股票市场、债券市场和期货市场等多层次国内资本市场逐步建立和发展起来。历经风雨，一路走来，由乱到治，由小及大，从生存到发展，这三十年间无论是监管方还是交易方，都展现了所有市场参与者的喜怒哀乐，也积淀了所有市场参与者的努力贡献。其实，参与者在市场上的失败也是一种付出，也应当得到尊重。

适逢2022年《期货和衍生品法》草案征求意见和审议通过期间，笔者参加有关专题研讨会议，深感期货市场一路走到当下，实属不易。期货行业经历了市场不规范、社会不理解的初创阶段，到建立多层次资本市场的定位阶段，再到主动服务实体经济的发展阶段，期货市场历经坎坷，发展至今。国家对这一行业立法，使期货市场终于列入国民经济序列之中，这是中国资本市场从无到有的一个缩影。从这个意义上说，所有市场参与者的付出都是值得的。

作为国内资本市场的见证者和亲历者，我同样经历了市场的跌宕起伏，目睹了市场投资交易的各类成败故事，也沉淀了一些自身践行和感悟，积累了一些市场观察和思考；在关于资本市场、市场研究、投资交易理念等方面，也有了那种透彻、随心的心态：从“看山是山，看水是水”的初始状态，到“看山不是山，看水不是水”的更新状态，再提升到“看山还是山，看水还是水”的进阶状态。近年来，我在公司内外曾多次开展交流和演讲，本书便是在这些交流和演讲内容的基础上，重新梳理构架、充实认知后总结而成的。

本书讨论的主要内容并非自圆其说的研究与投资方法，更多的是对资本市场显性状态背后的认知和解读，涉及研究、投资、风险、人性和决策等多个主题的反复探讨。

一是展示多视角观察市场。如何看待资本市场尤其是期货市场？多年经历让自己拥有了跳出市场看市场的视野，从多视角、多学科和多层次观察市场运行的共性与特性，体会市场的不确定性内在机理，拓展市场认知的立体式构架。将环境周期、市场结构和运行节奏多个维度连为一体，以耗散结构系统现代原理解读市场时空变化与市场能量增减的互动过程，这便是本书上篇阐述的主要内容。

二是构建自适应式研究体系。借他山之石磨砍柴之器，在多方面认知市场基础上搭建起一套研究体系，即情景研析 C 模块（Circumstance）、市场反应 M 模块（Market）和预期偏差 E 模块（Expectation)，三大模块有机组合构成一个“三点成面”的市场认知方法，即偏差反应体系。为便于记忆，我们将三个模块的英文首字母合在一起冠以名称，即“CME 研究体系”。

本书中篇重点陈述了 CME 研究与投资体系的整体内容以及研究逻辑思路，其根本就是承认市场不确定性会使对市场的研究认知存在天然的预期偏差。类似于现代巡航制导系统的工作原理，交易者应对偏差展开市场研究和跟踪，保持一定的市场随动效能，并应用贝叶斯概率的思维方法，形成“预判—验证—修正”的持续收敛过程。这一研究思路还有一个潜在好处，即在市场认知不足的状况下(大多数投资交易者都面临此状况)，可利用“先验—后验”模式，通过时空切换，弥补有限条件下决策的可靠性和可持续性，进一步改善研究与交易的互动关系，使整个研究体系更具有开放性、叠加性和应变性等自适应特征。

三是探究投资交易过程的心理效应。交易心理如同呼吸空气，在市场中不被重视却不可或缺。有人的地方就有人性的展示，资本市场更是人情绪变化表现的放大平台，市场参与者身在其中，是没法躲过自身内外情绪波动的冲击的，与其视而不见，不如正视交易心理。交易心态是投资交易者从业的底层结构，且需要时间的沉积与夯实，在此之上搭建出投资规则、交易技巧乃至运作体系方可持续发力，不然就会落入“内守不定则绝境致泥，外驰不息则常苦风波”的境地。

交易心理是基于市场的不确定性和人脑天然思维模式的双重影响，如何面对可能与概率、亏损与下注、自由与自律、天道与人道、知道与行道等情形的心理过程。本书试图从交易心理的庞杂内容中厘清市场交易游戏所展示的心理能量的聚散效应。

四是讨论企业风险管理实操的关注要点。企业应用期货和衍生品市场开展风险管理，需与企业经营日常业务相匹配，是一种连续互动的运作过程，应尽可能避免期现风险的一次性冲动交易方式；应从单次博弈行为思维转向连续博弈行为思维，保持风险管理在持续状态下的“次优选择”。我们应遵循古训“执中致和”的理念，在风控、收益和效率三者所构建的三角形态的可变场景中，尽力实现期现业务风险对冲过程的平衡性、适配性和动态性。

企业风险管理基于理念，立于规则，行于机制，展于思路；因企而别，因景而异，因势而变，不可任意变化，更不可一成不变。与传统意义上的风险套保观念不同，本书突出强调贴近市场和实操运作的对冲敞口管理方式。

本书还收录了一篇专访作为附录，以飨读者。这是2020年在国内资本市场发展三十周年之际，笔者接受《证券时报》专访的相关内容。文中特别提出了改善商品市场定价模式的三个维度——广泛性、公允性和包容性，在这三个维度上进一步发挥国内期货和衍生品市场功能，也有利于发挥全球大宗商品买方市场的中国作用，形成中国定价声音。

为方便阅读，书中配有诸多市场案例和知识卡片，融合了多位公司同事的研究成果，虽然没有过多的解释和说明，但保持了本书的连续性和可视性，对于有两三年以上市场交易经历的人士可能更有益处。书中还附有精选的推荐书目，以便读者拓展阅读视野。

市场交易投资好似对弈，少不了观察局势、思考预期、权衡得失、落子取舍等几个关键步骤；行棋观大势，落子谋全局，从预判到实施，从试错到纠偏，从布子到收官，互为信息勾兑，互为手谈促进，达到知行交互，实现“棋手—棋局—棋子”立体式的持续博弈过程。

市场交易投资也如在沙漠驾车越野，沙漠中没有道路标识，没有5G导航，此时，研究体系与交易心理好似越野车的四驱，研究体系为前驱认知，交易心理则是后驱执行，知行合一，缺一不可，交易者应有良好的驾驶技术，能根据坎坷路况随机应变，调控驱使，只有这样才可能完成市场越野拉力赛。

从业多年使我有机会结识一批资本市场的优秀研究和投资人士，他们用自身领悟的方法践行着自己的市场理念，与他们的沟通交流让我受益匪浅，这也是从事相关交易投资职业的一件幸事。本书所及内容既有自己感悟体会的沉积，也有他们经验启示的总结。

无论是偏差反应体系、投资交易心理，还是风险对冲管理，奉献给读者的是自己多年对市场的观察和看法、认识和践行市场的总结，而非一套具体操作方法，这也仅代表自己“盲人摸象”般的某些角度而已。

市场是多样化生态圈，市场研究和交易的方式方法自然也是多元差异化的，方法无好坏，只有恰当与否，“殊体而合于理，其所由异路而同归”，这正是市场的包容和广达。

本书的书名中“随势”二字意在跟随，讲究“刚来而下柔”“随时之义大”；审时度势，顺运变通，有为无为，张弛有节。中华传统文化延绵数千年，博大精深，尤其在人与物、人与人、人与己这三大方面积淀了深刻的知行思辨体系。大道相通，这些文化的独特智慧对现代资本市场同样能彰显出强大的穿透力。本书引用了国学文化的精华来解读市场，旨在通过古今类比、对接和融合，用我们熟悉的传统文化为我们提供观察现代市场的新视野。

我相信，在良好文化基因传承的影响下，在中华复兴大业的推进下，在自主创新道路的指引下，中国资本市场必将终成大海，并在未来涌现出中国市场交易投资的世界级大师。

“日斜吾事毕，一笑向杯盘。”本书收青适逢中国春节，以此将多年市场观察和经验看法盘托分享，以飨读者。

最后，特此感谢为本书写作和出版过程中给予帮助的同事和朋友们！

2023 年 2 月于北京

目　录

上篇　市场认知与研投理念

中篇 CME 体系基本构架

下篇 交易投资心慧与市场风险管理

上篇

市场认知与研投理念

归纳与演绎是人类认知形成的主要思维方式之一，资本市场的交易和投资，本质上说是一种认知变现。市场认知通常是基于对前人经验的归纳总结，并结合自身经验加以演绎提升。大道相通，多视角、宽视野借鉴各类学科的思维与原理是非常必要的。市场认知不仅可以从主流经济学、行为金融学和研究投资经验等相关知识中提炼，还可以利用数学、物理、心理学、军事和科技等其他知识学科观察。

市场认知进一步发展成为研投理念，需要对研究框架制定规范，主张研究框架应具备广度、深度、应变度这三个不同的维度，三者缺一不可、相辅相成、逐级递进。研究广度致力于信息的搜集与处理，力求形成对市场各类因素的全面认识；研究深度是在广度的基础上梳理和聚焦，从广泛的信息中过滤出核心因素，并由核心因素生成市场逻辑；应变度则是对市场逻辑的实盘验证和动态演绎。

第一章
广角镜中观市场

博观而约取，厚积而薄发，吾告子止于此矣。

——（宋）苏轼，《稼说送张琥》

他山之石，可以攻玉

如何看待资本市场及其运行？这几乎是所有市场研究体系都需要回答的问题。传统研究体系大多基于“就市场看市场”，从供求关系、价格状况和价差结构等经济变量角度构建研究思路，这种平面化的市场观察视角具有一定的局限性，存在认知盲区，因此无法把握市场全局。为了克服诸多不足，长期以来笔者对金融市场进行了深入观察与理解，基于此，本书试图构建一个以偏差－反应为视角的研究体系。

建立并应用这一体系的前提是“跳出市场看市场”，在传统的平面研究体系基础上，站在更高的“立体楼层”多视角观察整个市场，如同查理·芒格的投资格栅理论所提倡的，将不同学科的基本原理用逻辑串并联起来，融合成一个纵横交织的思维经络，以帮助我们打破某些固有的研究思路和分析定式，从不同角度分析问题，进而透视本质，让我们的认识更贴近事实。

本书借鉴了哲学、心理学、社会学等诸多学科的原理方式，多角度观察和理解市场，形成了较为整体的认知思路，以辩证法的角度来概括我们的认识过程，把握事物普遍联系和互动发展的特征。

我们在构建和完善偏差反应体系的过程中，不仅要从传统经济和金融维度上努力挖掘现有的思维观点，而且要更重视从其他非经济学科的理念中获得启迪，以期多维度重新发现金融市场。通俗来说，我们既要站在“巨人的肩膀上”，又要充分发挥“他山之石”的妙用。因此，本书研究体系的理念既包含对主流经济学、行为金融学和研投经验等相关知识的提炼，又包含对数学、物理、心理学和军事科技等其他学科的借鉴和理解。

在兼容并蓄的基础上，不断地对各种理念进行扬弃，以使我们的认识更加接近市场的本质，并且符合市场的基本运行规律。这也体现出东方哲学《周易·系辞》中所述的“通变”思想，强调通晓变化之理。基于这一认识，把研究体系的核心理念确立在循环往复的逻辑过滤、演绎和修正的过程之中，提出了具有动态特征的“预期偏差”概念，进而构建了一套更为立体的，具有一定相互验证和持续调整的开放性随动体系。

当然，在具体架构论述偏差反应体系之前，有必要先系统地介绍一下对资本市场的认知和理解。可以说，这正是我们看待市场运行的基本“世界观”。

市场非理性人的画像

经济学家哈耶克在获得 1974 年诺贝尔经济学奖时，发表了著名的演讲——《知识的僭妄》，对经济学模仿自然科学提出了严厉批评。经济学和自然科学最大的区别是自然科学中不需要考虑人的存在，而社会经济学的一个很重要的影响因素恰恰是市场中的人。

一直以来，传统经济学的脉络架构都是建立在所谓“理性人假说”的基础上。其主张市场众多参与者具有无限的理性，他们在决策时会以效用最大化为目标，并且能够对已知信息做出正确的加工处理，从而对市场做出无偏估计，并做出有效的反应。“理性人假说”是传统经济学得以发展成为一门精密分析科学的前提条件。但是，非常不幸的是，从市场经济的长期运行历史来看，这种人为基础所搭起的经济学学说难以通过实证分析的检验，无法解释人们在现实市场中经常出现的不理性行为，从而导致传统经济学对现实市场运行过程的严重误读。此现象在高流动性的资本市场中曾被质疑，长期参与市场的投资者大多能感受到这点。

市场案例

原油的负价格

在现实生活中，你肯定没见过一件商品的价格为负值。但是，在金融市场上就出现了商品价格为负值的“活久见”现象。北京时间2020年4月21日凌晨，纽约商品交易所5月交货的WTI原油期货上演了一场史上最疯狂的抛售，价格在距当日收盘不到半小时前跌为负值，最后收报每桶-37.63美元。这是自1983年纽约商品交易所WTI原油期货上市以来，首次出现负值油价。

几十年来，行为金融学逐渐受到人们的追捧。行为金融学重要的贡献就在于把心理学、社会学和传统金融学的研究领域和思路方法融合在一起，打破了“理性人”这个不切实际的假设条件。根据检验结果，行为金融学提出了一系列修正理论，主张以具有“有限理性”的经济行为者为研究对象。

“得失感差异”是非理性的典型代表。心理学教授丹尼尔·卡尔曼因为将心理学研究和经济学研究结合在一起，其在不确定状况下的决策制定的有关研究，获得了2002年的诺贝尔经济学奖。卡尔曼等提出的“前景理论”发现人的选择与得失感直接相关。在一个确定收入和一个预期更大的不确定收入之间，人们更倾向于选择前者；而在一个确定损失和一个预期更大的不确定损失之间，人们更倾向于选择后者。也就是说，人们在金融市场上盈利的时候是风险厌恶者，而在亏损的时候却变成了风险偏好者，这同“Long your profit，Short your loss”的投资理念相悖，也是多数交易者难以克服的弱点。2017年诺贝尔经济学奖获得者理查德·泰勒提出“禀赋效应”，从另一视角进一步描述了“得失感差异”的不对称。有人持有的“得失随缘，心无增减”的价值观，就是引导芸芸众生尽可能去平滑这个舍与得之间的巨大心理落差。

知识卡片

禀赋效应：一万元不等于一万元

如果你做过交易，那么你很可能会有一种体会，盈利一万元带来的快乐远不如亏损一万元带来的痛苦那么剧烈。这一现象叫作“禀赋效应”，可以用行为金融学中的“损失厌恶”理论来解释，即一定量的损失给人们带来的效用降低要多过相同的收益给人们带来的效用增加。因此，人们在决策过程中对利害的权衡是天生不均衡的，对“避害”的考虑要远大于对“趋利”的考虑。这种思维方式就像基因一样在人类世代繁衍中遗传下来。

恐惧与贪婪三境界

在资本市场中，既要认识到人的非理性所在，又要学会主动去把握人的非理性特征。沃伦·巴菲特的这句名言“在别人恐惧时贪婪，在别人贪婪时恐惧”就很好地诠释了认识和把握市场非理性的重要意义。历经“沙场”的少数高手大多会从三个层面去认识和理解人的非理性：第一层面是承认市场常会被众人的贪婪和恐惧所左右，要充分认识金融市场非理性状态下的表现；第二层面是能从市场的贪婪和恐惧状态中跳脱出来，增强自身对非理性状态的免疫力，努力克服被非理性所支配；第三层面是进一步学会利用市场的非理性状态，在市场被非理性所主导而出现极端时位偏离时，往往产生巨大的投资机会，能否勇敢地去面对此场景并把握难得的机会，则能体现出投资者水平的高低。尽管巴菲特的这段话早已被众人所知，但说起来容易做起来难，其背后三个层面的内涵代表了逐渐提升的进阶状态，这不仅要有解读市场的能力，还要有处事不惊的定力，更要有参悟人性的慧力，以达到所谓“众人皆醉我独醒”的高境界，这种境界没有长年累月的市场浸泡和沉淀是很难获得的。

市场案例

2015 年股市异常波动

2015 年中国股市异常波动，从 3075.91 点到 5166.35 点，仅用了半年时间。在赚钱效应的带动下，大批新股民进入市场。很多金融机构利用人们的贪婪大肆开展配资炒股。杠杆的存在放大了市场贪婪的一面。在股民们加杠杆炒股的同时，少数金融机构意识到了其中的风险，选择在股指期货市场上大幅做空。最终，股价在到达高点之后泡沫破裂，以近乎自由落体的方式大幅下滑，股指期货市场的做空交易变得异常拥挤，下跌得更加疯狂。最后，非理性的股民再次大面积“受伤”，却发现利用市场非理性的少数人则赚得盆满钵满（见图 1－1）。

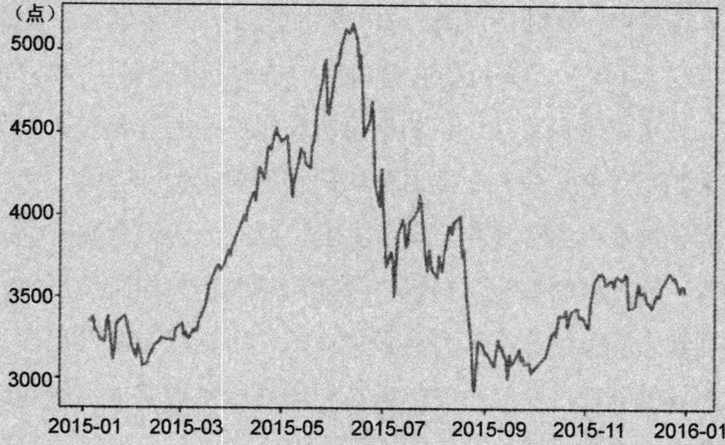

图 1－1　2015 年上证综指收盘价

信息与价格互动

经济学家尤金·法玛于1970年提出并深化了有效市场假说。该假说有一个颇受质疑的假设前提，即市场参与者有足够的理性，能够迅速对市场信息做出合理反应。然而，即使在最发达的金融市场中，资产价格也并非总是可以充分体现市场信息。市场信息的获得、传递、解读和反馈的过程并不像有效市场假说所描述的那样简单有效。

知识卡片

有效市场理论

有效市场理论基于三个假定之上：（1）投资者是理性的，所以他们能够对证券做出合理的价值评估；（2）在一定程度上某些投资者并非理性，但由于他们之间的证券交易是随机进行的，他们的非理性会相互抵消，证券价格并不会受到影响；（3）在某些情况下，非理性投资者会犯同样的错误，但是他们在市场中会遇到理性的套利者，后者会消除前者对证券价格的影响。

在认识市场的过程中，你会发现资产价格与市场信息的互动关系是一个非常复杂的动态延展过程，不具有相对固化的模式，在某些特定情景中，市场信息甚至会完全失效。造成市场失效的原因是大多数市场信息都在可得性、准确性和及时性等方面存在诸多问题。

第一，市场信息的可得性不佳。不同于自然科学的是，社会科学中的信息和数据无法全部通过实验得到，部分是通过复杂的社会调查方式获得的。然而，无论是采用直接调研方式还是通过购买调研资料的方式，都无法像实验一样获得充足的信息。

第二，市场信息的准确性不足。因为大多数市场信息在获取的过程中很难保证信息与数据的准确性，人们存在一定的认知误差或者代表性偏差。市场信息通常可分为显性信息和隐性信息两大类，两者会对市场造成所谓的漏出或渗入现象。最容易获得和处理的信息可能不被市场全部包含，即信息“漏出现象”，难以获得和处理的信息却可能部分地被市场反映，即信息“渗入现象”。

第三，市场信息的时效性不够。在整个市场运行过程中，所获信息大多都是滞后的，而且市场信息的解读过程也会有一定的时滞，所以市场对信息的反应时滞也在所难免。由此，在依据市场信息做决策时必须要考虑及时性的问题。

鉴于市场有效性存在的种种不足，我们在构建偏差反应体系过程中应特别主张扩展传统研究的理念。如果仅根据市场信息形成的研究要素与行情逻辑，则必然会因为市场信息本身的问题而出现一些失效与盲区，其中一个重要的认知观点，就是市场对信息的反应优于市场信息本身。信息变化（二阶变量）存在于信息传递（一阶函数）的过程中，市场通过现实与预期的差异比较，在大多情景下能迅速做出反应，实际上这正是市场自身修正的高阶函数效应。因此，我们须强调在传统研究体系的基础上加入风险偏好、资金博弈和资产配置等更多维度的考量，从而形成动态修正的研究认知方法。

纵观中国股票市场三十余年的发展，市值规模已经跨入全球前列，但总体来看仍处于弱式有效市场，市场对信息的反应模式还在改善之中。实证表明我们的股市对不同类型的信息有不同的反应方式。投资者对正面信息与负面信息的反应也截然不同，投资者对正面市场信息（利好）存在明显的过度反应，由于受投资者惜售的“处置效应”的影响，在市场出现利好时，投资者对市场利空的信息反应不足，这种不足在较短时间内尤为明显。对于影响股票收益率的宏观经济变化、行业相关政策变动等市场共同信息，股价往往存在过度反应的现象，而对公司层面上的个股的特定信息，股价则存在反应不足现象。

供需平衡表完美吗

大宗商品的传统基本面研究分析中，较为常见的方法是供需平衡分析法。多年以来，此方法在大宗商品的衍生品市场研究领域收效卓著，得到了研究者长期且广泛的应用。以商品期货市场为例，供需平衡分析法正是基于传统经济学中供需关系与价格变化之间的相关性，试图通过构建市场商品供给、需求、库存变化的全景评估（即供需平衡表），测算出市场库存预期增减及其变化速率，结合长时间的数据比较，进而对该商品未来的价格变化趋势进行一定的量化预判。

随着现代经济学理论的不断完善，人们对非理性市场的认知愈发深入，行为金融学逐渐得到拓展，而传统供需平衡分析法的种种盲区也逐渐浮出水面。首先，对大部分研究者而言，如果没有相关产业领域的资深背景，大多很难获得准确的第一手市场信息；即使是充分了解行业的专业人士，建立靠谱的供需平衡表也需要不小的人力和财力投入。其次，市场信息的真实性无法得到充分的确认，即使是真实的信息，也面临如何判断其对价格产生影响的问题。最后，因市场信息的时效性不够，尤其是市场众多参与者非理性行为的存在，更无法用合理的方式将其折现到供需平衡表中。

随着市场开放性的延展，金融市场正在变得越来越多元化。市场参与各方以自身的视野和认知水平，把事实、数据、情绪和幻想等各色“调料”一股脑地强加在市场这个大盘子内，这些“调料”在市场温度的催化下相互调和，但这些都很难用供需平衡表展现出来。

市场案例

美国农业部修正平衡表事件

美国农业部（USDA）每个月都会发布作物供需预估数据，该数据直接关系到农户、企业以及政府的相关决定，进而影响大宗农产品市场的价格表现，报告公布的当天往往会造成市场的巨大波动。大量交易者将美国农业部的供需预估数据作为农产品市场交易的基准。

2012 年美国遭遇了多年不遇的大干旱，芝加哥期货交易所（CBOT）的大豆（也称美豆）优良率持续下滑，并创历史同期低位，美国农业部不断调低美豆单产，助推美豆价格持续上攻，至 9 月初美豆指数达到了 1738.75 美分的历史新高水平，但是，从 9 月开始美豆产区出现了降雨，优良率有所恢复，使美豆价格大幅回落，但前期报告中相对低位的单产预估仍给予市场多头一定的信心。然而，在 10 月报告中美国农业部大幅调高了美豆单产预估，市场此前的单产下降预期被证伪，于是美豆价格迅速下行（见图 1-2）。

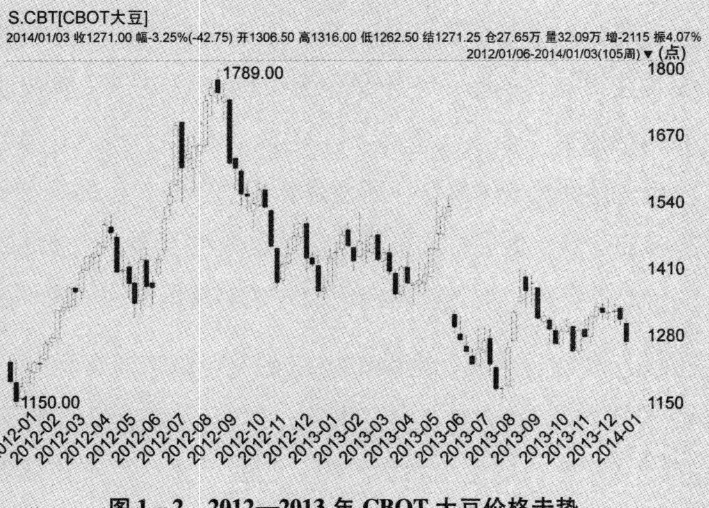

图 1-2 2012—2013 年 CBOT 大豆价格走势

总而言之，传统的供需平衡分析法对认知市场有一定的合理性，但是在参与者成分愈发复杂、影响因素愈加多元的现代金融市场，倘若仍然拘泥于供需数据的绝对准确，将供需平衡表奉为圭臬的话，难免会有“刻舟求剑”的结果。

盲人摸象与市场拼图

限于市场信息的可获得性、真实性与时效性，市场参与者总是无法及时准确地认知市场的全貌。我们似乎进入了一种“盲人摸象”的状态，即没有见过大象的盲人，对大象的认知仅局限于自己触摸到的部位。同理，市场参与者介入市场时，对市场的认知也只能局限在自己所接触到的那部分，市场参与者所认知的市场，正如盲人摸到的大象，其实只是市场一些个别方面的投影而已。

知识卡片

盲人摸象

盲人摸象的典故源自《涅槃经》：有王告一大臣：“汝牵一象来示盲者。”众盲各以手触，大王及唤众盲各问言：‘汝见象否？’众盲各言：‘我已见。’王言：‘象类何物？’触其牙者即言：‘象形如萝菔根。’触其耳者言：‘象如箕。’触其头者言：‘象如石。’触其脚者言：‘象如臼。’触其脊者言：‘象如床。’触其腹者言：‘象如瓮。’触其尾者言：‘象如绳。’善男子：如彼众盲不说象体，亦非不说，是众相悉非象者，离是之外更无别象。

汉语词典对“盲人摸象”这个成语的解释是：比喻各人对事物只有片面的了解，众说纷纭，莫衷一是。人们常将“盲人摸象”用作贬义词，用来讽刺无知之徒对片面了解的事物妄下结论，然而，这样的解释似乎使这一典故失去了另一层重要的含义。事实上，这种“不完整”并不是错误的、无价值的，即使它并不精准，但它依然具有正确性。正如我们即使不能触摸到大象完整的躯体，也可以通过了解其他人对大象的触摸和感知，综合身体各部分的状态，进而对大象产生轮廓性和全局性的认知。在资本市场上，我们同样可以将自己对市场的感知，同其他市场参与者的感知结合起来，将多个局部的“不完整”按一定的合理方法组合在一起，拼出一个市场轮廓图来，进而对市场建立起一种“模糊却靠谱”的判断。

市场案例

模糊的正确

查理·芒格（巴菲特合伙人）曾说过一句经典的话：模糊的正确远胜于精确的错误。他认为，人们无法精确地预测每一刻的市场走势，只能对未来一段时间的趋势给出一定的定性判断。实践证明，巴菲特的投资记录中尽管有不少投资在买入后遭遇短期亏损，但长期来看，投资最终往往能够回到正确的方向。如芒格主导对中国新能源车企比亚迪的投资就是一例。大师们面对市场也只能得出一个“模糊的正确”的判断，而大部分人却自作聪明地选择了“精确的错误”。这是对市场认知的巨大差异。

因此，我们不应该排斥对市场“盲人摸象”式的认知，而应当在不断的“盲人摸象”中寻求“模糊的正确”，通过基本常识、自然公理与逻辑推演，学会从所知的有限局部信息中对市场做出模糊但更具有正确性的判断与决策。

市场的"测不准原理"

由此可见，资本市场在一定程度上是无法被准确认知的，具备一定的天然模糊性。事实上，从另一视角来看，这样的模糊性来自市场主体与客体的互动关系，当市场参与者试图认知市场时，就会不可避免地与市场主体之间产生相互影响，从而导致其对市场的认知过程无法充分精确。

从更深层的理论角度思考，市场的这种模糊性可以借用量子力学的观点得到一个相对合理的解释。在微观层面，当观察者试图对某一微观粒子进行观测时，观测体与运动粒子本身同样存在互动关系，这导致观察者无法同时从不同维度对运动粒子特征进行精确的描述。正如日常生活中的纫针现象，只有当针与线其中之一稳住不动，才能迅速纫上针。如果针与线二者都在动，想把线穿入针孔就是一件很困难的事。从这个角度出发，我们可以更为直观地理解市场的"模糊性"。

知识卡片

测不准原理

测不准原理（也称为不确定性原理）由德国物理学家维尔纳·海森堡于1927年提出。根据海森堡的阐述，测量的动作不可避免地会搅扰被测量粒子的运动状态，因此产生不确定性。测不准原理作为量子力学的一块重要基石，为现代物理学提供了一个全新的研究世界。该原理确认了人类对世界的认知无法达到绝对的精确，并且从观测者与观测对象互动关系的角度对这类不准确性进行了全面解释。

在资本市场中，现代量子力学的"测不准原理"同样具有宏观指导意义。市场参与者与市场主体之间同样存在互动关系，这种互动关系使市场参与者即使拥有精度足够高的研究工具和时效性足够强的市场信息，也无法使对市场的认知和行为达到准确程度。作为市场研究者，我们应当承认市场具有天然的“测不准”特性，认识到自己的研究不可能全面准确地描述市场，更重要的是认识到自己与市场之间存在着互动关系以及认知的偏差，这样才能够更好地理解市场的变化规律。

市场案例

新技术在金融市场的应用

随着科学技术的发展，金融市场的参与者逐渐将更多的高科技工具引入投资交易领域，这些新技术给市场参与者带来了便利，很大程度上推动了现代金融市场的发展。然而，从方法论的角度来看，人们仍然需要思考这些新技术在未来的发展方向。很多人认为，可以通过大量高频的 AI 算法实现对市场精确的认知，进而追求市场预测更高的准确率。然而，无论如何，精确的工具都难以百分之百准确地认知并预测市场，一次错误足以致命。使用 AI 技术也应当承认市场认知的不确定性，实现的路径选择应考虑从大数据算法和复杂耗能的算力所支撑的精算决策模式，转向高效且无情绪冲动的仿人脑思维的“模糊的正确”决策模式。

具有哲学和经济学双重背景的投资大师乔治·索罗斯对“测不准原理”推崇备至，这也是他思考西方市场经济运行机制和方式的出发点，索罗斯充分肯定了“测不准原理”的普适性以及对金融市场的指导意义，试图从哲学的层面进行深入解读，并付诸实践运用，且获得了巨大成就。1979 年，索罗斯将其旗下基金更名为“量子基金”。

市场反身性渐变与突变

索罗斯在继承宗师卡尔·波普尔的证伪主义思想基础上，发展出自己的一套投资哲学和交易逻辑框架，即市场反身性效应。市场行情取决于投资者的认识，而市场行情也会对基本面和投资者的情绪产生影响，因此投资者就像“测不准原理”指出的那样无法准确预测市场行情。

“市场反身性”观念是引发市场极端行情的主要驱动原因，并且，在温和变化阶段之后，市场往往会出现激烈的行情，进而导致矫枉过正现象的出现。由于反身性的存在，投资者认知和市场行情之间通常会形成一种双向反馈机制。例如，当投资者看多市场行情时，一旦市场上涨，投资者的看多判断与行情之间会形成互动式的强化，从而进一步推升行情展开。随着越来越多的投资者感受到行情上涨所渲染的氛围，行情逐步被推升至极端位置。到达临界点之后，些许利空的小道消息就会触发其急促地暴力回归，完成一次市场自身调整的轮回，产生所谓的市场“泡沫效应”，即泡沫不断膨胀至破裂的过程。

知识卡片

证伪主义与市场反身性

证伪主义是英国哲学家卡尔·波普尔关于科学方法、科学分界标准和科学发展模式的学说。该学说反对归纳主义和以证实原则作为科学分界标准。证伪主义强调人的认知具有不完备性，总是局部的和扭曲的，并且等待被证伪的。这种局部和扭曲的观点会导致错误的行为。在资本市场上也存在此类需要不断证实与证伪的认知，这就是“市场反身性”。反身性模式突破了传统经济学的均衡性局限，强调市场参与者非理性决策所产生现实与预期的市场偏差，此类偏差往往会自身持续强化，演变为市场极限偏离和暴力回归。

在期货市场投资领域，传统研究方法认为可以通过预判商品的短缺或过剩来预测市场行情。不过，多数人还没有清楚地认识到他们的预判其实是受到市场行情走势的影响的，且他们的共同预判时常反过来又对市场行情产生强化作用。鉴于众人存在天然的“非理性行为”以及市场信息时效性不足等问题，多数参与者很难对自己的预判抱有极大信心。然而，当市场行情与投资者的预判一致时，正反馈机制就产生作用了，等到投资者意识到自己的预期判断存在严重偏差的时候，行情往往已经到了非常极端的位置，随之而来的往往便是快速修正行情。如果不能深刻领会证伪主义理念下的市场反身性特征，大多数人都会在金融市场中多次遭遇此类不幸经历。

市场案例

铁矿真的短缺吗

2019 年 1 月 26 日，巴西淡水河谷（Vale）位于米纳斯吉拉斯州的 Mina Feijão 矿区 1 号坝发生决堤事故。此后半年多的时间，投资者持续关注中国铁矿的短缺情况。2019 年 2 月至 3 月这段时间内，投资者倾向于认为溃坝影响是可控的，供给的减少量只有溃坝时被直接影响的 850 万吨年产量。但是，在 2019 年 4 月至 7 月中旬这段时间，澳洲飓风干扰了其他主要矿山的采运，人们对铁矿短缺的预期不断调整，并且与行情的上涨相得益彰。到了 7 月上旬，投资者已经普遍认为铁矿短缺难以扭转。但是，在经历了 7 月底至 8 月初连续两周的下跌之后，投资者对接下来铁矿短缺的预判明显改观，价格迅速回调至溃坝发生之初的水平（见图 1 -3）。

图1-3　2019年铁矿石价格走势

在构建偏差反应体系的过程中，其重中之重便是预期偏差模块的定义，它包含了对市场反身性的理解和深化。预期偏差模块强调的动态修正环节就是一个不断证伪的过程。虽然并不否认传统研投体系的价值，但是传统的研投体系描绘出的市场发展的主脉络可能会出现偏差。只有通过认识和把握此类偏差发展的时间和力度特征，才能真正实现研究和投资两者的双向衔接。

市场认知综合框架

上述认识市场的世界观是我们建立研投体系的认知基石。在这些基石之上，我们主张从宏观、产业和市场三个层面去观察相互联系、互为推进的五个内容层次，即环境、周期、结构、节奏和板眼，而研发和交易的过程就是从两个不同的路径去整合这五个不同的方面所观察到的内容。在融会贯通之后，我们还需要理解整个资本市场就像耗散系统一样运行，以便把握市场的开放性和非线性的特征，以从容应对各种行情的切换。确立运行机制也是建立一套深层次认知市场内在运行过程的综述框架，并可派生出偏差反应体系的方法基础（见图1-4）。

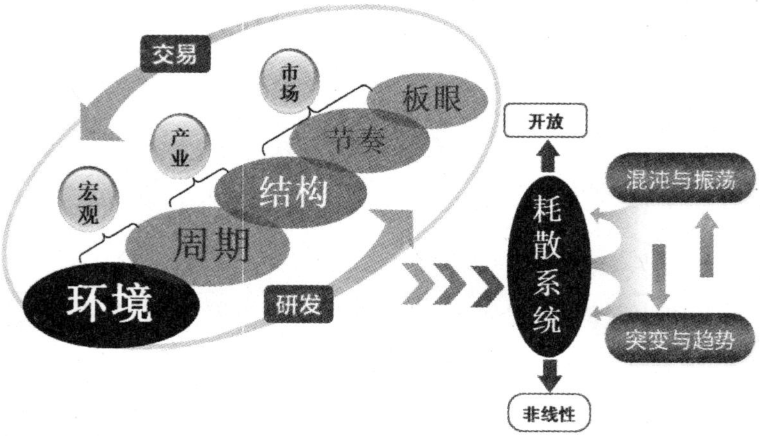

图1-4　研投一体与耗散系统

温度决定一切

环境维度主要指宏观经济所处的状态，反应资本市场受β主因影响的情况。就像气温的冷暖变化对众多生物系统的影响一样，环境的作用不那么直观，却无时无刻不在。

宏观环境的冷暖变化可以从两条路径影响金融市场。第一条路径，即经济环境的冷暖变化会作用于实体经济，通过影响金融市场标的资产而间接影响证券价格。例如，当环境趋暖的时候，实体经济中各行业的利润和产出会出现接替式的逐步上升，带动股票和大宗商品价格的轮动式上涨。第二条路径为经济环境的冷暖变化，其会影响投资者的风险偏好，进而对金融市场产生直接的影响。例如，当环境趋暖的时候，宏观经济增长的前景向好，资本逐利的风险偏好增大，此时投资者认为风险回报会更高，他就会更加积极地配置弹性指数偏高的股票和商品等金融资产，直接推升了资产的风险溢价；反之，环境趋冷会降低投资者的风险偏好，转向保守型金融资产。

知识卡片

《温度，决定一切》

1938 年，诺贝尔物理学奖得主、宾州大学物理暨天文教授沙格瑞（Gino Segre）写过一本书，名为《温度，决定一切》。他认为，温度不仅决定了科学的方向，也决定了历史的趋向，更决定了我们的世界与生命的未来。从宇宙、地球、生物直至微观世界，都时刻处在一定的温度之中，各类资产价格的发展变化同样受宏观经济环境的温度所支配。

值得一提的是，20 世纪 90 年代，美林证券在美国经济数据基础上，总结出一套“美林时钟”投资模型，可以帮助人们感知和理解宏观环境的冷暖状况。但是，随着全球主要经济体货币大放水以及各类债务巨量膨胀，导致宏观杠杆率普遍过高，彻底改变了“美林时钟”的经济生态环境，巨大的债务量让时钟显现出严重的局限性，其过于关注典型经济状态下不同资产在不同环境中的实证分析结果。而近年来，在各国宏观政策选择频繁干预的驱动下，经济表现出快速变化的特征，切换成为“电风扇转动”现象，从而使美林投资时钟模型过度失真。

冬至一阳生

周期维度主要指有一定规律性的循环发展过程，用以把握金融市场周复性拓展线的时间进度。就像在气候冷暖变化过程中，人类通过认识把握四季交替的规律来安排生产和生活的进度，形成春种秋收、夏耘冬藏的应对策略。

周期维度对金融市场的影响至少有以下三个层次体现：

第一，周期具有时间展开性，通过对时间进度的把握可以在一定程度上提前预测未来市场行情的大致状况，其实，周期时位往往能决定市场发展时空的趋势。

第二，周期具有螺旋循环性，周期不单是一个简单的循环往复过程，更是一个螺旋复杂的变化过程，其中展示出市场周期具有典型的非线性和随机性，这种复杂的变化过程正是把握周期的难点和要点。

第三，周期具有摆动回归性，市场就像钟摆一样，总是从一个极端走向另一个极端，均衡状态也只是摆动过程中的一个短暂时空点，在类似市场反身性的内在驱动力的影响下，回归和偏离的过程始终交替进行，就像四季更替过程中的季节转换一样，无休无止。

知识卡片

冬至一阳生，万物未醒时

北宋著名理学家、道学家邵雍有一首《冬至吟》，其中有一句：冬至子之半，天心无改移。一阳初起处，万物未生时。这句话道出了用东方哲学观察事物周期变化的妙处。冬至时节，外观依然是万物寒冷，但是用转换周期的视角去看，变化已经悄然发生。冬至过后，阴气强度趋弱，而阳气渐增，白昼渐长，动植物也开始为春天的到来做准备。中国传统周期时节高度总结了天时变化特征，使人们能够先于现象而预知接下来的季节过程。

就像四季在时间拓展线上为农业生产提供指示一样，周期也能够直接指引投资实践。在实际投资过程中，对周期的理解和把握能够帮助投资者更合理地选择资产买进卖出的时段，就像农民到了春天就该去播种，到了秋天就得去收获一样。例如，当一轮上涨行情已经有了很大的涨幅之后，接近了过程的末尾，这时候就不适合再去撒下“做多”的种子，只能抱着“抢收”的心态去参与，否则，时节错配的农耕行为自然颗粒难收。

周期一直为古今中外所重视，早在数千年前老子便有“万物并作，吾以观复”的论述，从自然和人类社会的视角确定了周期的价值。近年，美国橡树资本的霍华德·马克斯甚至专门写了一本书来讨论投资中如何认识和把握周期，书名就叫作《周期》。毫不夸张地说，无论对自然和人类社会，还是对具体的投资交易，周期都是一个无与伦比的认识视角，并且具有现实的指导意义。

浮标、水流和河床

环境和周期决定了市场的总体趋势，而进一步细分的市场结构则决定了周期不同阶段下市场的状态。

从实体经济周期的角度考虑，结构的本质就是总生产利润在整个产业链的不同生产环节之间的动态分布，进而决定各生产环节的投资回报率高低，其核心因素就是各环节自身的基本面情况。对于一条产业链而言，随着经济周期的轮动，从上游至下游各环节的供需状况不断变化，表现为产业链利润总量与各环节之间利润相对分布的循环变化。当某一环节呈现出供不应求的状态，该环节将具有相对更高的利润，进而吸引更多的资本流入，导致供给端改善，最终使该生产环节利润回归甚至低于正常水平。对于投资而言，这是一个相对长的过程，因此，市场结构能够在一段时间内得以维持，并成为这一阶段市场特征的主要驱动因素之一。

市场案例

严重过剩但利润仍然可观的 PTA

自 2020 年初开始，新冠疫情的肆虐给全球消费市场造成了沉重的打击，纺织—服装产业链（即纺服产业链）的需求产生了断崖式下滑，需求萎缩导致产业链利润大幅下滑。作为纺服产业链重要的上游化工原料——精对苯二甲酸（PTA）面临严重过剩、库存高企的状况。然而，在 2020 年第二、第三季度大部分时间内，PTA 的生产利润却长期维持在相对高位。究其原因，要从整个产业链的结构说起。纺服产业链的过剩是自上而下的，其中，PTA 的上游原料对二甲苯（PX）同样处于严重过剩状态。与固体化工品 PTA 不同，作为液体化工品的 PX 的储存、运输等条件均受到较大限制，这就决定了 PX 的库存是有刚性上限的。因此，当 PX 库存进入高位，生产商必须寻求途径以改善生产过剩的状态，于是企业降低了 PX 价格以维持 PTA 的利润，通过让利来刺激 PTA 维持高负荷生产，从而部分缓解 PX 环节的生产过剩（见图 1－5）。

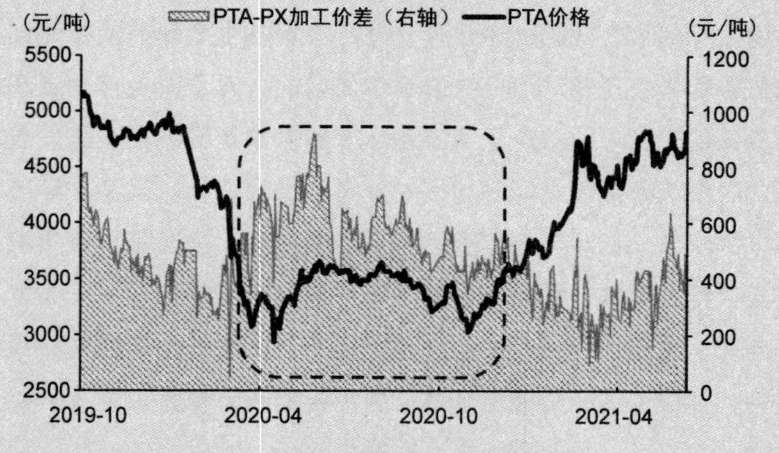

图 1－5　PTA 现货价格与加工价差

在商品市场中，相对短期的交易性投资较多。如果把市场看作一条河流的话，投资者首先关注到的是市场价格的变化，就如同河面上的浮标，虽然较为显眼，但是只能随波逐流。随着对市场认知程度的加深，专业投资者开始关注市场上资金偏好的特征，如同瞬息万变的水流走势，河水的流速和流向决定了浮标的运动状况。再进一步深入思考，资深投资者将意识到市场结构的重要性，如同隐身于河底的一段河床，它的变化相对缓慢，并不像河水流动那样直观，但河床的高低宽窄结构才是影响水流走势和流速的关键，是改变浮标运行状况的内在因素。而市场的大势，正如整个河道的轨迹和走向，是决定浮标总体方向的根本因素。其实，市场投资交易如在江河上行舟，那些市场沉浮多年的“老江湖”们不仅要观察风生水起引发的浮标的变动，更需潜心了解航道深浅和水下河床及礁石分布的状况。

市场结构变化的“节气”

投资交易常说的市场结构大体可分为两个方面，即期限价格结构和资产比价结构，两者分别表现了市场结构在时间和空间两个角度的特征。

资产期限价格结构的直观体现就是不同时间节点之间的价差分布，代表了资产价格、收益在时间上的分布情况。对于未来某一时间节点而言，这一时间节点的价格体现了市场对该节点基本面情况的预期，从现在到未来各时间节点价格所组成的期限价格结构，就是市场对未来预期变化情况的映射。以期货衍生品为例，期货合约设定大多以月为单位，不同期货合约之间的价差一般被称为月差，现货价格与未来某一时间点的期货价格之差则称为基差。

一般而言，两个时间节点之间的价差变化情况与这段时间内该商品的基本面情况具有较高的相关性。如果基差走强或近月—远月价差走强（即贴水扩大），说明市场对近月时间点的价格预期强于远月，市场走的是现实主导行情；如果基差走弱或近月—远月价差走弱（即升水扩大），表明市场对远月时间点的价格预期强于近月，市场走的是预期主导行情。大批套保和套利者正是利用资产的近远月价差的走势，把握市场不同时间点的基本面情况的定价变化，进而从中寻找获利机会的。这也是衍生品市场投资生态链的组成部分之一。

知识卡片

期限价格结构

商品在不同时间点的价格分布并不是随机的，而是遵从一定的规律。在中短期的尺度下，期限价格结构多呈现为单调函数，即随时间推移价格逐渐升高抑或逐渐降低。一般将远月价格高于近月价格的分布称为远月升水（Contango）结构，将近月价格高于远月价格的分布称为远月贴水（Backwardation）结构。由于仓储费及资金成本等因素的存在，在基本面不发生显著变化的情况下，商品大多呈现小幅远月升水结构；但随着不同商品各自的基本面变化，商品的期限价格结构也会相应呈现不同的特征。

资产比价结构则是不同资产在同一时间节点的相对价格关系。资产的价格代表了市场对该资产的偏好程度和短时定价，而不同资产间价格的相对高低则是市场偏好变动的反映。在市场周期的不同阶段，各类资产的基本面会带来不同的市场偏好，这些偏好的外化反映就是资产的相对价格，进而揭示了整个市场当前所处的基本格局。

值得一提的是，一些资产的价格之间存在一定的关联性，一般表现为两种资产的价格之比以某种规律或在某一范围内运行，称为“比价效应”。比价效应一般出现在相同或相近产业链的资产品种之间。当两种资产的比价偏离正常范围，说明其中一种资产的价格相对偏高或另一种资产的价格相对偏低，这样的偏差将在未来趋向于回归。因此，可以利用比价效应，做多价格偏低的资产并做空价格偏高的资产，进而形成有效的研究和交易范式。如商品市场常见的“油粕比”“螺卷差”等。还有一类资产比价存在于不同的商品之间，用于观测市场偏差状况和潜在的机会，如常见的“金铜比”“金银比”等。

市场案例

金银比、金铜比、金油比

金银比、金铜比、金油比是商品资产中三个重要比价指标，黄金是天然的货币，其实这类指标反映的都是以黄金标价的商品价值。金油比是黄金价格走势与石油价格走势的比值，即1盎司黄金所能购买原油的数量；同样，金银比是黄金价格走势与白银价格走势的比值；金铜比是黄金价格走势与铜价格走势的比值。黄金走势更多地反映了一个阶段的金融市场避险情绪，侧重于金融属性，而白银、铜和原油等商品则主要代表了实体经济的供需状况，侧重于商品属性。因此，经济向好时期，白银、铜、原油表现会强于黄金，而黄金在经济危机时期的表现更好。通过不同商品资产的比价，可以观察出市场对中短期的风险偏好（见图1－6）。

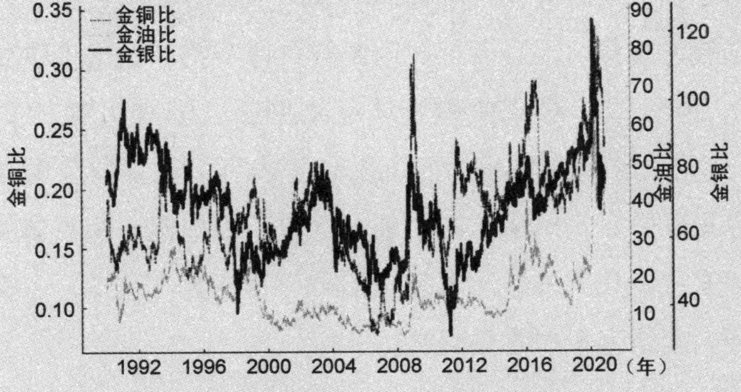

图1－6　金铜比、金银比与金油比

市场结构最终还是归于基本面因素对市场价格直接作用的体现，其结构的微观变化是周期变化的具象过程。基本面因素通过影响市场价格结构，进而带动价格的变化趋势，产生中长期的递进性市场行情。如果周期变迁代表市场的“四季循环”，那么市场结构就如同市场时间序列上的“二十四节气”，它是季节内不同时段间的细化状态。对市场结构的分析，就是通过更为具象化的指标研究，掌握当前市场处于哪一个“节气”，进而对交易进行必要的指导和提示。从这个角度来看，市场结构就是建立了研究层面与交易层面之间的互动枢纽平台。

市场节奏与京剧板眼

对于一条河而言，河床决定了河水的阶段性走向，但河水的具体形态以及浮标的运行轨迹则需要通过更小尺度的波浪和涟漪来实现。同理，对于市场而言，结构决定了整个市场当前所处的状态，但从技术层面进行分析，价格运行的轨迹会按照一定的模式形成相对固定的分形形态，一波大的行情往往由更多时段的不同的小型上涨、下跌和震荡状态交织叠加所组成，这些形态构成了市场结构的更小单元。

市场行情的展开就如同一场舞蹈表演，当舞曲演奏开始，舞者不仅要理解乐曲的整体旋律，而且要把握乐曲的具体节拍，通俗地讲就是“踩上点”。不然，舞者即使对舞曲的整体有所判断，但在关键节拍“踩不上点”，同样也无法展现出与乐曲匹配的优美舞蹈。在实际交易中，即使对大势判断是正确的，仍然需要花大量心思着手去把握一些具体关键的行情节奏的起伏变化，尽力去跟上市场大旋律下的“小节拍”，以降低踩错节拍的频次和力度所带来的收益回撤。

比市场节奏更加细分的尺度，我们称其为市场的“板眼”。在西方音乐理论中，乐曲的节奏是由不同的节拍构成的，而在中国传统戏曲中，这样的单元就是板眼。借用板眼的理念来定义市场的最小韵律尺度，是市场特征最为细微的表现方式，体现了市场对当前价格走势基本的应变状态，进一步决定了市场节奏与市场结构等更高维度的特征。

知识卡片

京剧板眼

板眼是中国京剧戏曲中的节拍单位，每小节中最强的拍子被称作“板”，其余相对较弱的拍子叫作“眼”，一板和一眼都是一拍子。“板”和“眼”按照不同的比例与顺序组合起来，并进一步与唱词的字数或音节相结合，共同决定了唱腔的速度与韵律，这便是戏曲的“板眼”。中国京剧通过数百年的发展逐渐建立了自己一套完整的“板眼”体系，目前流传下来的板眼种类包括“一板一眼”“一板三眼”“有板无眼”“无板无眼”等。

在积年累月的发展历程中，市场同样形成了独特的“板眼”体系。在市场研究与交易的过程中，要学会“大处着眼，小处着手”，自上而下全面把握行情的同时，还要自下而上感受并掌握市场的节奏与板眼，在看懂趋势的同时，更需从细节处理解市场行情的运行过程，从而获得最大化交易的盈利，避免“看对趋势做错交易”情况时常发生。

研投联动与“乐声促奏”

环境、周期、结构、节奏和板眼五个维度，是一个逐层递进、相互影响的有机整体架构。从环境到周期、结构、节奏和板眼的研究过程，正对应着中国认知世界和改造世界的方式：从一天二十四小时衍生出四季变迁，再由季节变迁的节点特征衍生引出二十四节气，并根据节气对人们的生产进行必要指导。而交易则是从最为具体的生产行为出发，通过对时节规律的归纳总结，对“天时”进行判断，进而开展与“天时”更为匹配的生产活动。

市场研究在于从高阶维度向低阶维度梳理，交易则是由低阶维度向高阶维度去验证。基于不同维度的研判，得出的交易策略也有所不同，越高维度的判断对应的策略时间周期越长，空间越大。

研究以外部世界的客观性为准则，是“外刚”的过程；交易考验主观性的应变调整，是“内柔”的过程。同时具备“外刚”的能力基础和“内柔”的灵活准备，可以达到一种“刚来而下柔”的随动状态。如果说金融市场是一座等待攀登的高山，研投团队需要刚柔并济才能登顶，达到“不徐不疾，得之于手而应于心，口不能言，有数存焉于其间”的状态。处于这种状态的投资人会感受到研投的乐趣所在，即所谓“乐声促奏”的境界。

“耗散系统”观市场

在认识五个维度对资本市场的影响时，需要把握资本市场的本质特征。市场具有两个重要特征：一是开放性和持续性，二是非线性和随机性。首先，资本市场是一个开放的系统，参与者的进出是相对不受限制的，市场中的投资者可以自由选择建仓和平仓，并且这种建仓和平仓的过程是持续进行的，或者说市场中多空双方能量交换是通过成交和持仓的变动来持续展开的。其次，市场的波动过程是非线性的，并且存在一定的随机性，无法进行精确的预测。

上述五个研究维度中，维度越低随机性越强，叠加后上升至更高的维度也具有部分随机性。在节奏和板眼这个维度中，个别投资者的异动都是重要的，最典型的就是像“乌龙指”之类的事件。而当低维度的随机性影响扩散时，就会使高维度的情况也发生变化。典型的情况就是索罗斯反身性中所说的价格的非理性变化会反过来影响基本面。我们可以在一定程度上通过高阶维度的部分线性特征把握低阶维度的非线性变化。例如，螺纹钢的价格高频波动会受到库存余量结构的变动数据的影响，而这些数据会因统计误差引发随机性。为了应对这种低维度的随机性，可以依据房地产和基建等产业总体发展情况来相对把握螺纹钢库存的变动趋势和幅度。

这些互动特征决定了金融市场是一个类耗散系统，而其中衍生品期货市场更为典型。金融市场的震荡和趋势就是耗散结构在市场价格中的表现，并通过市场内外多空双方的能量交换建立并维持。当一方释放的能量持续被另一方吸收，市场就会进入震荡状态；而当一方无法吸收另一方释放的能量时，并且对外耗散，市场就进入趋势状态，并且市场的开放性还会在趋势形成过程中为其带来反身性的能量叠加。

知识卡片

耗散结构系统

耗散结构理论由比利时科学家伊利亚·普利高津（I. Prigogine）于20世纪70年代提出。该理论在传统热力学理论基础上提出了一个重要的新分支，普氏也凭借这一成就获得1977年诺贝尔化学奖。根据热力学第二定律可知，一个孤立系统（即与外界不存在能量交换的系统），达到热力学平衡的过程总是自发地由有序走向无序，在热力学上表述为系统熵值不断增加的过程。但普氏认为，当系统处于远离热力学平衡的状态时，在一定外界条件下，可以通过突变形成新的有序结构。这样的有序结构需要系统不断消耗来自外界的能量和物质而得以维持，故而得名“耗散结构”，而类似的开放系统被称为“耗散系统”。耗散系统内部存在非线性相互作用，使系统在近平衡态和远离平衡态之间不断涨落变化。在近平衡态，非线性相互作用将破坏有序状态，但在远离平衡态条件下，非线性相互作用反而使系统结构趋向有序。

CME 偏差反应体系是以耗散系统为理念的，其从环境、周期、结构、节奏和板眼五个维度构架出发，按照层阶高低分布，且互动关联，用于观察宏观背景、中观产业和微观品种。我们应通过研究和交易两个视角来解读金融市场的耗散结构形成与转化的整体演绎过程。

市场案例

中小板和创业板指数的耗散过程

2010—2012 年后金融危机时代，全球经济复苏放缓，主权债务危机升级蔓延，经济下行风险凸显，世界经济继续处在深度转型调整期。同时，国内经济也在爬坡，国内中小板和创业板指数处于多空对峙、能量交换阶段，呈现出震荡筑底的状态。

2012—2014 年政府经济政策逐步从总量转向了结构变化，“新常态”成为经济的代名词和市场主题热点。这个阶段，中小板和创业板多方占优，开始酝酿上涨的动能。

2014—2015 年流动性大幅提增，叠加融资融券政策放开，国内成长市场风格兴起，小市值公司表现远好于大市值公司，中小板和创业板指数表现出非线性耗散突变式上涨，能量集中释放。随后，风险聚集，泡沫也迅速产生，在监管部门打压非法配资之后，市场情绪一落千丈，指数暴跌，2015 年下半年多方演绎出耗尽市场系统能量而加速暴力回归状态。

2016—2018 年经历市场大起大落之后，货币政策又相对收紧，投资者的风险意识不断增强，市场情绪相对低落，空方主导市场能量状态，呈现大幅下行走势，即在经济修复的支撑下主板的上市公司盈利情况有所改善，但中小板和创业板行情表现持续不佳。

2019 年初至 2021 年末，货币政策由紧信用向宽信用转变，市场情绪再次被点燃。中美贸易摩擦的影响逐渐钝化，国内逆周期调节政策及产业政策扶持力度不断加大。市场多方得以从耗散能量中进行转换，逐步蓄能下又一次吹起了“集结号”，中小板和创业板指数先于沪深 300 指数和上证 50 指数，重回上涨趋势（见图 1－7）。

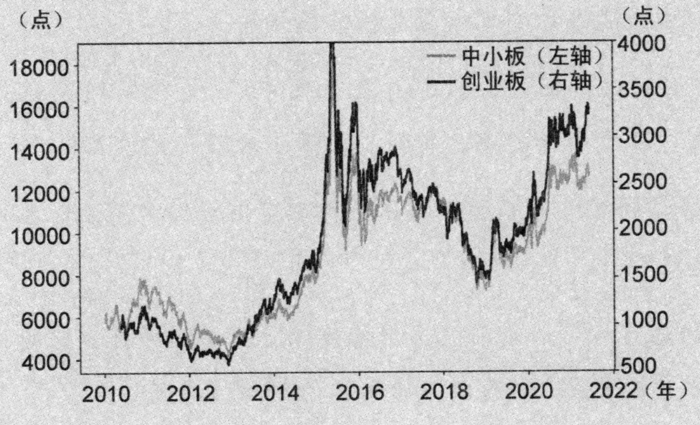

图 1－7　中小板与创业板指数走势

市场总是在震荡与趋势两种状态之间不断转化，代表着多空双方能量此消彼长的过程。当一方的能量持续占据明显优势时，就会形成趋势行情，但趋势行情的延续会消耗更多的能量；当新进入的能量不能满足趋势的消耗，双方的能量对比将发生变化，一方的优势逐渐缩小，最终形成多空双方能量相对平衡的状态，进入震荡阶段。在震荡阶段中，双方能量逐渐相互吸收且被消耗，而待新的能量不断进入，又将形成双方力量新的不平衡状态，走出下一波的趋势行情。

本章结语

- 市场认知多是基于经验和理性的，传统经济学研究经常会高估人的理性而低估其经验的不足。

- 信息本身总归是可以获得的，但是信息到价格的传导过程则更像是一个黑箱。

- 市场认知如同盲人摸象的过程，需综合市场参与者不同局部的触摸和感知，对市场建立轮廓性和全局性的认知。

- “不识庐山真面目，只缘身在此山中。”无论是研究还是交易，市场参与者都存在于市场之中，受到“测不准原理”的支配。

- 投资与耕种并无二致，都是根据环境温度因时而动，都是春去秋来的循环往复过程。

- 市场运行好似一条河流，价格就像是河面的浮标，它的变化由资金水流所推动，更深层次则是由市场结构的河床所决定。

- 市场多空双方不断在系统中注入和交换能量，使市场结构呈现出震荡和趋势状态的开放性耗散结构系统的特征。

- 应用环境、周期、结构、节奏、板眼多视角观察市场，市场研究时多着眼于“由著至微”的展开。投资交易是“乐声促奏”的应对，彼此呼应，殊途同归。

第二章
市场研究立体三维度

飞来山上千寻塔，闻说鸡鸣见日升。

——（宋）王安石，《登飞来峰》

基于认识市场整体的自我“世界观”，我们可以从环境、周期、结构、节奏和板眼五个环环相扣的层次认识和把握市场，进而提出市场研究框架应具备的广度、深度、应变度这三个不同的维度。三个维度缺一不可，相辅相成，逐级递进。研究广度致力于信息的搜集与处理，力求形成对市场各类因素的全面认识；研究深度是在广度的基础上梳理和聚焦，从广泛的信息中过滤出核心因素，并由核心因素生成市场逻辑；研究应变度则是对市场逻辑的实盘验证和动态演绎。

研究广度之“点—线—面”

研究广度在于认识影响价格的各个因素。为了实现这个目标，需要从多角度、多层次看待问题，以较全面地认识实体产业与金融市场的互动状态。研究广度可由点到线，由线到面，逐级上升，最终形成三个方面。

首先，广度应有一套相关品种内部的研究框架。较完整的研究框架是研究的基石，一是方法的完备，二是尽可能地覆盖影响价格的各个因素。对大宗商品市场来说，各种数据和事实因素大都可以归结为供给、需求、库存、利润、物流、价格与价差。需要注意的是，经济宏观面也是研究框架中必不可少的重要部分。宏观环境变化决定了商品的中长期走势，货币政策松紧意味着市场资金流动的水位和偏好，对多数商品都有巨大影响，宏观经济形势更是直接左右了工业品整体的供需情况。宏观面可以单独作为研究体系的一部分，也可以提取宏观面的某一部分融入商品的供给或需求模块之中。

其次，非常规相关产业的覆盖。不少商品品种之间其产业链会有一些重合部分，从而使这类市场品种的价格具有必然的相关性，而这种相关关系在一定时期经常会呈现比较稳定的状态。行业内对这方面的研究也比较充分。然而，更多商品品种之间会出现某种隐含的偶合相关性。常规状态下，两个品种看似没有关系，而一旦某个品种的价格或者其供求出现了剧烈的变化，两个品种就会阶段性地出现相关性，而且相关商品未必都是上市的期货品种，这种相关性较为隐秘，行业内对此研究得也不充分。如玻璃与水泥同属建材，二者均受房地产业的需求驱动，通过了解水泥市场状况（非上市场内交易商品），可从另一角度来验证玻璃品种的基本走势，也许会得出一些不同的结果，因此这方面的研究颇有价值。

最后，广度还应实现跨资产研究。中国资本市场大类资产配置的时代已经来临，金融资本具有在大类资产之间流动的快速配置能力，从而对各类型资产价格走势产生一些较大的影响。随之而来的是各类资产之间的相关性也越来越强，即所谓商品金融属性增大。金融资本与产业资本在市场时常出现博弈角力的场景，有时单纯观察产业的供求关系对商品价格的影响力是不行的。所以，广度研究还需了解相关商品的金融特性，应关注股市、债市和汇市等金融市场风险偏好对商品价格走势的影响，如在路径、程度与兑现时间等方面。显然，研究广度涉及的这三个层次难度是逐级提升的。

从识别盲区到跨越盲区

研究广度的具体内容有宏观经济与政策、产业链供求关系、市场分形走势和市场情绪偏好等多视角层面，做好“三碗面”，即基本面、技术面和资金面的研究，这需要善于做好信息的搜集、筛选、分类、处理工作。搜集信息是研究广度的起点，公开数据的搜集是基本操作，深入一线调研是关键环节。筛选信息要剔除无效的、重复的信息，分类要把各种信息按照基本面的架构摆放至合适的位置。

处理信息时需对信息和数据做初步分析，识别影响价格的各个因素的状态。其中，信息搜集是基础，貌似简单，实际操作难度非常大，这是因为各个层面都可能存在信息盲区。在第一章中，我们提及市场信息存在可得性不佳、准确性不足、时效性不够的问题。这些问题导致基本面不可避免地存在信息盲区。对于这个问题，我们要进行更深入的调研统计，这才是避免落入盲区的常见办法。就像生活中一些年轻人恋爱时会深陷其中而难以自拔，等到自己拥有更多的人生经历时，认知盲区就不成问题了。就像人们常说的，“有些问题是不可能解决的，但是可以跨过”，可以采用另辟蹊径的方式，用更高级的方法论处理这个问题。

梳理核心因素的法则

研究深度应在研究广度的基础上更进一步，将广度识别出的各个因素进行定性评级预判，过滤出当期核心因素，并在核心因素的基础上形成市场逻辑。核心因素观念既是一种世界观，又是一种方法论。研究影响商品的因素众多，并不是所有因素都同等重要，只有少数因素处于核心驱动地位。核心因素具备主导性、引领性和可变性。主导性是指核心因素与价格未来的走势高度相关，其他因素对价格的影响力相对弱化；引领性是指核心因素的状态和变化领先于价格的变化；可变性是指核心因素往往都是处于一定的阶段中，过了某个时空阶段后，核心因素就可能会发生变化和切换。特别关注的是，阶段性的核心因素的数量往往不是唯一的，而是人们常说的“关键的少数”那一类。意大利经济学家帕累托提出的“帕累托效应”，就很好地诠释了关键的少数与次要的多数的非均衡分布特征。

知识卡片

帕累托效应（二八法则）

帕累托效应，即“二八法则”，是由19世纪末期与20世纪初期的意大利经济学家、社会学家维弗雷多·帕累托提出的。帕累托效应指出，在任何特定群体中，居于核心地位的重要因素总是少数的，而不重要的因素则为多数。把握全局的关键在于掌控少数重要的因素。该效应普遍存在于金融市场。

实现深度研究，在各因素之中过滤出核心因素，需要有一套完善的过滤理念与方法。偏差反应体系正是以偏差为基石：某个因素偏离正常状态，这是偏差；某个因素发生剧烈变化后，理论上应该会影响到其他因素，但是其他因素并未做出反应，这也是偏差；现实未发生变化，而预期却变了，或者预期变了，又被证伪了，这还是偏差。我们认为存在导致现实与预期间偏差的少数因素，这就是核心因素。判别偏差的高低程度也可以作为核心因素评级的重要依据之一。

抽丝剥茧与市场逻辑

核心因素是建立市场逻辑的基础元素，核心因素的状态、变化以及核心因素之间的动态关系进一步形成了整体的市场逻辑。核心因素可以是不唯一的，而市场逻辑却是唯一的。市场逻辑存在时间周期跨度，根据覆盖时间长短不同，可将市场逻辑分为长逻辑与短逻辑。短逻辑灵敏，变化较快；长逻辑变化较慢，但具备较强的持续性。分析长短逻辑的矛盾与共振，是市场逻辑应用的重要方面，不仅有利于发现未来的趋势主旋律，也可以理解当期市场变动节奏。

市场逻辑更是投资和交易思维的重要基础，研究广度和深度提供的是众多市场信息背后的核心因素构成的市场逻辑，此时该逻辑也只是某种先验条件，还需要对逻辑验证和演绎，也就是要提高研究的应变度。

验证、演绎及反作用力

研究的应变度是围绕市场逻辑的运行而展开的，主要包括对市场逻辑的验证和逻辑运行的演绎。这也是通过市场反馈，再次认知市场的过程，这种螺旋式市场认知与研究，便于主客观互动与互证，更利于研究与交易的有效对接。

逻辑验证至少要从两个方面来看：一是在出现新逻辑之前，当期逻辑必须具备合理性，而不能有逻辑漏洞和逻辑误判等缺陷；二是当期逻辑需要得到市场相应的验证，逻辑的作用在于预判价格未来的走势，与之相应的是，市场价格走势也是判断市场逻辑正确与否的重要标尺，即“实践是检验认知的重要标准”。当市场走势与逻辑驱动一致时，是肯定当下逻辑；反之则是否定当下逻辑。逻辑验证过程中，有一个不可忽视的重要方面，那就是需要考虑时间架构因素，市场逻辑久久未得市场走势的支持，说明逻辑存在失真可能性增大；若历时不长，则是逻辑仍有待验证。

市场逻辑运行的演绎具有持续性、可替代性、反作用性。当逻辑被市场价格走势证明有效时，其有效性将体现出其持续性。当逻辑被市场价格走势证明无效时，或是研究的市场逻辑自身出现漏洞时，或是市场逻辑已悄然改变，投资者需要重新考量和调整市场逻辑的更替，这一过程展现出了可替代性。在一定条件下，若当下逻辑被市场价格走势所否定，我们对此市场的逻辑重新梳理并未发现逻辑出现故障或缺陷，则说明市场存在我们所不知的某一类隐性驱动力，其力量正在反向制约并超越了当前的市场逻辑。虽然隐性驱动在一段时间内是未知的，但是可以通过现有当前逻辑的反作用力感受和识别出这一隐性逻辑的能量，从而在隐性逻辑尚未显现的状态下，获得领先的研究认识，体现出市场逻辑演绎过程中反作用性的变迁特点。

市场案例

橡胶的反作用力

2017年2月，橡胶的供给、需求、库存都是利多的，市场逻辑也明显呈现利多状态。然而，其价格走势却截然相反，不仅并未大涨，反而还开启了持续数月的巨幅下跌。等到市场普遍认识到下跌的主要原因时已过了两个月，距离下跌的起点已经过去了一个半月，市场价格大跌过半。显然，等待新市场逻辑完全浮出水面就过于滞后了。但是如果在2月份能及时根据当时市场逻辑的反作用力，识别出一定程度的隐性逻辑的力量，则将有可能领先于大众的认知，发现未来走向（见图2-1）。

图2-1 2016—2017年橡胶指数走势

信息收集—因素过滤—逻辑验证，这是一个逐步收敛、逐层递进的研究过程，既体现了核心因素决定市场行情变化的观点，又展示出市场不断变化下市场逻辑相应驱动与更迭的特征。这些整体思路与毛泽东所著《矛盾论》的有关思想观念颇为相近。以《矛盾论》的观点贯穿于核心因素、逻辑验证与演绎的研究体系之中，为市场研究的三个维度提供了理论基础。

知识卡片

《矛盾论》

毛泽东在《矛盾论》中提出：(1) 矛盾普遍存在，矛盾是事物发展的动力，但是，并不是所有矛盾都发挥同样的作用，只有主要矛盾才能决定事物的发展方向；(2) 矛盾由主要方面和次要方面构成，矛盾本身也是在不断地发展变化的，当下的主要矛盾在未来有可能会被次要矛盾替换；(3) 单一的矛盾同样具备两面性，矛盾内部也分为主要方面和次要方面。

研究进阶“三层楼”

综合来看，研究的广度、深度和应变度构建起市场研究的立体型研究模式，这三个维度也是从基础到高阶的逐级递进关系，具备阶梯性、收敛性、累叠性（见图2-2)。研究广度属于“一层楼”的层面，主要立足于信息的搜集与处理，信息的全面性是研究广度追求的目标。研究深度属于“二层楼”区间，源于信息但超越信息，投资者可在众多信息中过滤出核心因素，并基于核心因素生成市场逻辑。研究应变度则居于“三层楼”高台，关注于市场逻辑的验证与演绎，使先验条件与现实真正联系到了一起。应变度这一层面也正是研究与交易双向沟通交流的必要桥梁，市场逻辑是研究的结论与精华，市场逻辑同时是交易的坚持与应变的基本，研究与交易更多的是在市场逻辑的层面进行交流，而不是简单的信息互换和沟通，只有这样才能克服研究与交易交流中各自“两张皮”现象。研究三维度由此组成了一个有机的立体结构：一层为基，二层为柱，三层为台，三个维度各司其职，有机结合，实现了研究与交易的统一，知理性与实用性的统一。

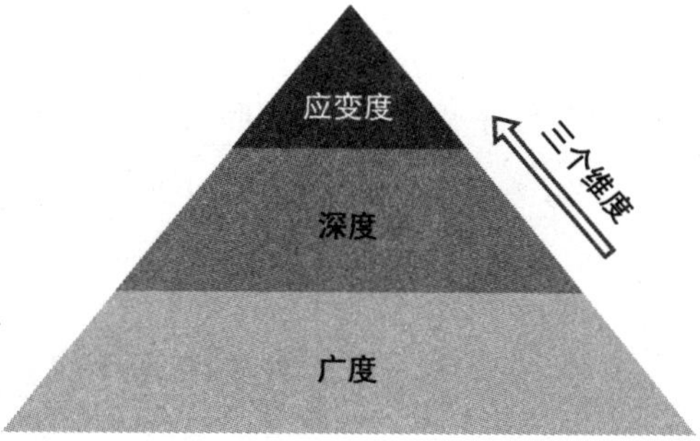

图2－2　三维度模型

研究三维度还代表市场研究层次的水平的高低，可用于培养研究人员开拓路径和模式。研究广度展示市场信息的宽视野，要求研究人员有较全面的专业知识结构和信息梳理能力；研究深度突出市场信息的梳理，需要研究人员较强的数理思维和逻辑分析能力；研究应变度则强调市场信息变动的挖掘，提升研究人员有效的高阶归纳和推导演绎能力。

初级研究必须打好基础，但如果仅停留在基础层面，则容易把市场信息罗列成堆而不知如何进行取舍、提炼。这是初级研究人员常见的问题。就像你花了大量精力去熟悉大厦一楼的所有房间，但你也只是站在一楼，你须努力寻找上楼的方法，用研究深度站在二楼观看一楼的市场和人群，以这样的视角看市场便有了专业研究人士的新视角。之后再努力用应变度登上三楼，提升自己的认知高度并体会市场的脉动，这则是资深研究人员的状态。抵达三楼层面后就多少会有些研究与交易融通的感悟，这也是少数研究人员最终走向基金经理岗位的自然选择。“一路登楼观山景”正是市场研究提升进阶的必然过程。

本章结语

- 市场价格走势并不是来源于全部多空因素角力的“拔河比赛”，而是其中少数核心因素发挥决定性作用。

- 市场核心因素具备主导性、引领性和可变性。如何过滤核心因素需要有一个完善的流程，偏差反应体系的核心因素过滤是以预期偏差为基石。

- 构建市场逻辑是在市场核心因素基础上实现的，主要矛盾动态地推进市场逻辑演绎。

- 研究广度属于“一层楼”，主要立足于由点到线、由线到面的信息搜集与处理。广度不仅指研究内容之广，更意味着研究角度与层次之广。

- 研究深度立于“二层楼”，源于信息但超越信息，在众多信息中过滤出核心因素，并基于核心因素生成市场逻辑。

- 研究应变度居于“三层楼”高台，利用市场反馈与市场再认识，取得对市场逻辑的验证与驱动。

- 应变体现在研究与交易的互通互鉴中，市场研究“三层楼”代表市场研究层次的提高，也是专业研究人员提升与发展路径的参考模式。

中 篇

CME 体系基本构架

前文从哲学、社会学、自然科学等各方面提炼出众多的抽象概念用于解读金融市场，旨在详细阐述我们对市场和研究理念的认知，接下来的章节将详细展示偏差反应体系的具体框架与内容。偏差反应体系基于的理念是相对不变的，而构造的具体框架和内容是需要不断迭代更新的，“器为道之载”，须有以透过表层框架去深入体会内在机理的想法，由此才能读出市场认知的本源观点，理解偏差反应体系的应有之义。

本书所述偏差反应体系是由情景研析 C 模块（Circumstance）、市场反应 M 模块（Market）和预期偏差 E 模块（Expectation）三大板块有机组合而成的。为便于记忆，我们取各模块名称英文首字母组合形成体系名称——CME 研究体系。以上三模块将可用于预判、观测和分析资本市场主要因素，并可按照推理和演绎的逻辑进行分类。除了将各类因素归类外，CME 研究体系还明确指出了三个模块在整个体系架构中所发挥的功能，以及所遵循的原则和所具备的特征。

C 模块属于传统的市场基本面研究范围，需要在此模块里面做好做精。除此之外，还需要了解研究结果同市场运行的关联性，进而引入 M 模块，以 M 模块为检验 C 模块研究结果的重要标准。那么，C 模块和 M 模块之间出现了不一致的偏差又该怎么办？这是必须要考虑的一个开放性问题，市场研究不可能保证百分之百正确，而过度追求百分之百正确实际上是“掩耳盗铃”的做法。所以，必须承认有预期偏差这一天然存在的前提，E 模块正是用来解决识别、评估乃至应用这类偏差的问题，这也是 CME 研究体系最重要的内核。

具体而言，在 C 模块的研究预判基础上，借助观测 M 模块的市场反应，旨在对 C 模块的假设进行验证与修正，形成了 C 模块与 M

模块之间的互动。两个模块的互动实质上是预期假设与现实情况之间的关联性体现，二者之间常常会出现不匹配的情况，这种动态偏差的现实存在便可派生出 E 模块。E 模块研究是试图从更高阶的视角去看待市场，由此构建了 CME 三个模块交互式的随动体系（见图 3－1）。

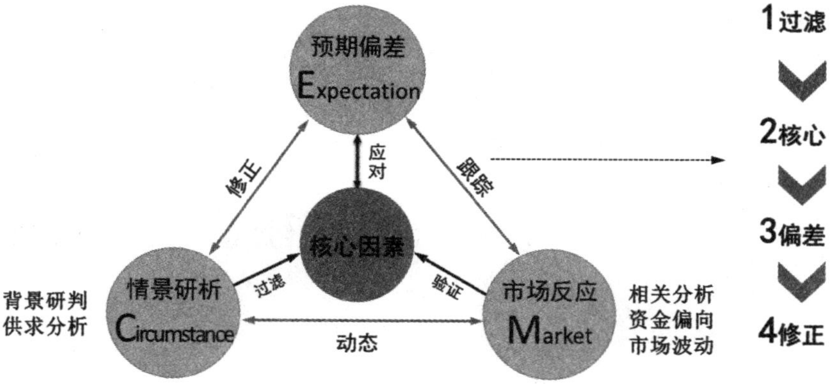

图 3－1　市场与自我偏差

实际上，将这种交互性特征内嵌于中正是投资交易的思路模式，从而使专业市场研究更贴近市场，更接地气，这对于高节奏变动下的大宗商品市场变化尤为重要。

第三章
情景研析 （C 模块）

形而上者谓之道，形而下者谓之器。

——《易经·系辞》

在 CME 三个模块构成的体系中，C 模块是以更宽的视野观察市场，系统地梳理从宏观经济、中观产业到供需状况的方方面面，找寻与研判市场行情相关的诸多矛盾和因素的集合。如何识别和提炼核心因素往往是 C 模块研究的重点和难点，这里有一个重要的过程，就是遵照“二八法则”、马太效应以及主成分分析等原则和方法来收敛或过滤出核心因素，通过考量以下三个方面的特征来把握。

一是开放与变更，在行情的演绎过程中，不同阶段的核心因素是不断变化的，需要不断通过情景研析来筛选与评判核心因素，将现有的核心因素进行更新和替换。

二是渐变与突变，阐述了市场核心因素的形成过程，既有通过量变的累积而形成的核心因素，也有经过突变形成的核心因素。

三是序数与基数，序数特征是指多个因素之间具有不可叠加的属性，基数特征则是多个因素具有可累加性，在筛选和过滤核心因素时，既要遵循序数特性排列，体现差异性，也要依据基数原则在若干因素之间进行有叠加的组合处理，最终在核心因素中提炼出主要的市场逻辑。

这类提炼方法如同“筛子”，过滤出杂质留下了精华，但并无一套标准“筛子”模盘，可能因人而异，但研究方向和梳理架构的原则是明确的。C 模块达到的主要功能就是为研究市场判断提供假设性条件，其包含了大多数传统研究体系的主要内容，以商品市场为例，这部分是构建 CME 研究体系不可或缺的“地基”（见图 3－2）。

感知市场温度

C 模块主要包括背景分析和供求分析两大部分。背景分析部分包括宏观经济与中观产业分析。

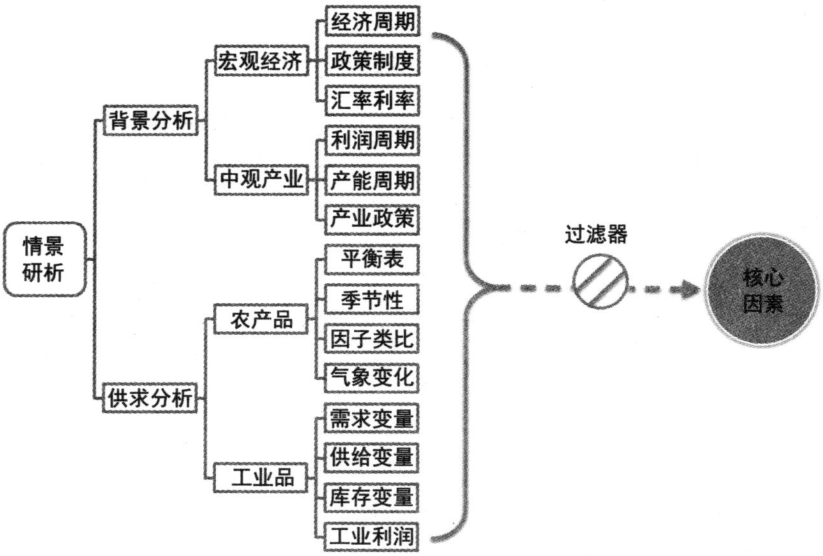

图 3-2　从情景研析到核心因素

宏观经济分析可用于观测当期市场整体环境的"温度"。在分析宏观经济过程中，需要考虑的因素主要有经济周期、宏观调控、增长指标、通胀指标、货币供应量价指标等方面。

经济周期和宏观调控是理解和预判经济发展状况的一对辩证视角。经济周期可以反映一种"经济大气候"，市场参与者是无法改变的。我们可以通过对经济周期的探究来感知金融市场所处环境的"冷暖变化"，为研究体系中 C 模块的过滤和选择核心因素定下基调。宏观调控是政府治理经济环境的一项复杂系统工程，主要是借助货币政策、财政政策和产业政策等"有形之手"导向，强力改变"无形之手"在特定状况下市场的被动格局，立足于经济增长、结构调整和风险防范三大方面综合施策和权衡调节，往往会对经济周期产生中长期影响。纵观近三十年的国内外经济大时局，国内宏观调控政策有三种调节模式，因其各自环境背景不同，政策着力点和持续面均有所不同，所以对资本市场以及商品市场的影响状况也是不同。例如，2003年“非典”疫情暴发下的“顺周期调节”，2008年全球经济衰退下的“逆周期调节”和2020年全球新冠疫情扩散下的“跨周期调节”等。

市场案例

供给侧结构性改革与煤炭价格

2012年开始，受全球经济低迷和国内经济进入新常态时期等因素的影响，煤炭供过于求，库存急剧增加，价格大幅下降，企业大面积陷入亏损。在此背景下，以2016年2月1日国务院颁布的《关于煤炭行业化解过剩产能实现脱困发展的意见》（国发〔2016〕7号）为标志，煤炭行业的供给侧结构性改革政策全面推进，引发阶段性行业供给短缺，由此，煤炭价格趋势发生了突变（见图3-3）。

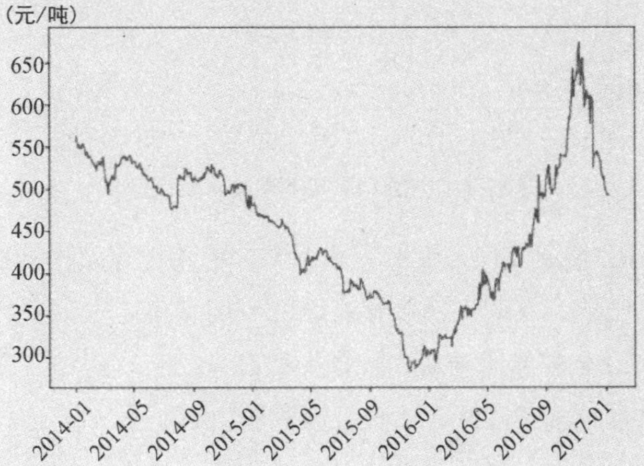

图3-3　动力煤主力合约价格走势（2014—2016年）

从具体标的来看，研究宏观经济背景首先要观察增长和通胀指标，最主要的指标主要有GDP、CPI和PPI。GDP能够反映一个经济体或生产部门的产出水平，说明国家经济体每年创造出来的总财富的水平。在分析解读GDP时候，GDP变化量的大小，即同比增速，是更有意义的。增速比的上升和下降体现了国民经济产出的扩张和收缩趋势，如果一个经济体的GDP处于持续收缩状态，商品市场的表现也难以向好。与经济增长紧密相连的另一个标的是通胀指数，其主要包括CPI和PPI，分别体现了消费者和生产者所面临的通胀状态的购买能力，广义通胀指数则是两者加权组合而成，由于引发通胀状况的成因复杂，故导致CPI与PPI时而同步、时而背离，可用来判断当期经济结构的阶段性状态（见图3-4）。

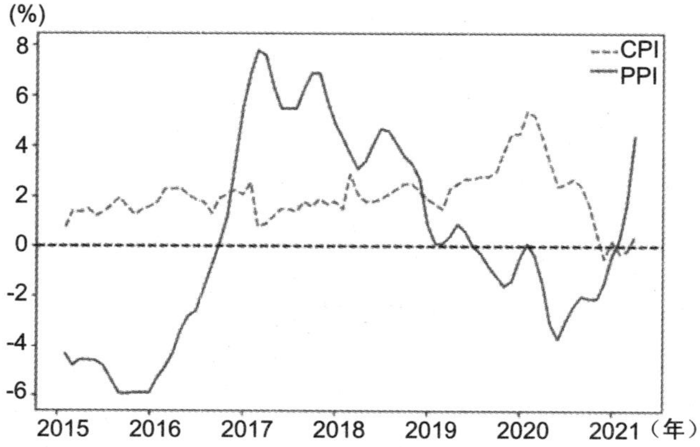

图3-4　中国CPI与PPI的同步和背离

将名义GDP增速与广义通胀率进行对比，可以得出不同状态组合所形成的宏观经济复苏、繁荣、滞胀和衰退的不同状态。例如，社会通胀水平高的状况下，GDP却停滞难动，就是一种典型的宏观经济滞胀状态，代表了社会经济供需结构不匹配，造成社会物价大幅抬升却无法拉动整体经济有效增长，如同大型车辆行驶在一段泥泞道路上的费力状态。

通胀率指标是央行制定货币政策时的重要依据之一，因此，在研判通胀率指标时，需要重点考量和延伸货币供应的量价指标。货币供应量的具体指标有M1、M2以及社会融资规模。在观察M1和M2指标时，需要重点观察两者之间增速差异，从而判断金融系统资金流动状况的松紧度。如需观察国民经济更为宽泛的资金流动性，则应重点研究社会融资总量规模及其增速比等指标，还可通过M2与名义GDP的增速比较，观察社会总体资金对国民经济的贡献度，说明社会货币流量再创造财富的能力。

在研究货币供应量的同时，还应多重点观察货币价格变动，具体指标包括利率和汇率（以下简称“两率”）。利率水平代表某一时段的资金成本。其中，常见的基准利率是金融市场以及实体经济资金定价的基石，它的变化具有强大的传导性和放大性。通过现代金融体系的价格传导机制，中央银行每一次对基准利率的微调，都会给整个社会经济带来递推式、扩散式和增大式的多重影响，类似于乘数效应。还需注意的是，利率变化对各类资产的冲击程度也是不一样的。例如，微小的利率变动对长久期债券价格的影响就远大于短久期债券，对权益类资产的影响往往也大于对商品类资产的影响。

知识卡片

货币乘数效应

货币乘数是指货币供给量对基础货币的倍数关系。在货币供给过程中，中央银行的初始货币提供量与社会货币最终形成量之间客观存在数倍的扩张（或收缩）效果与反应，就是所谓的乘数效应。货币乘数主要由通货—存款比率和准备—存款比率决定。通货—存款比率是流通中的现金与商业银行活期存款的比率（见图3-5）。

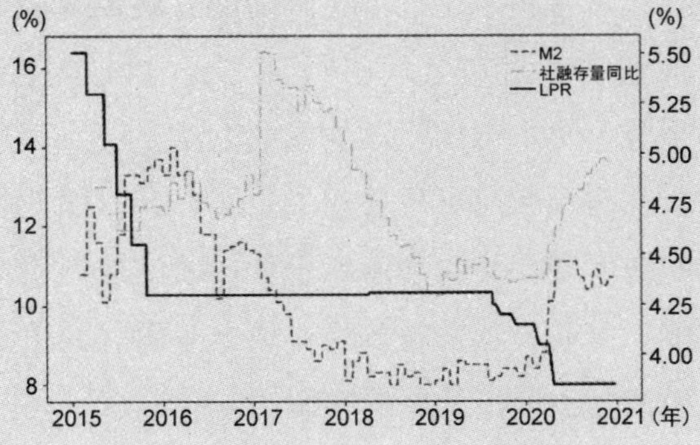

图3-5　货币供应量价指标

汇率则是货币价格的另一种表现形式，代表不同国家之间货币比价，如需考虑用购买力评价来进行比较，则有名义汇率和实际汇率之分。在资本项下可流动性增大的当今世界，资本市场中各色资产大都隐含着汇率比价部分，且实际汇率影响更为突显。例如，有色金属铜作为全球性通用商品资产，国内铜价与国际铜价之间的变动就隐含着人民币与美元的实际汇率走势，时常会引来一些专业机构利用境内外价差进行汇率套利。另外，股票市场常见的同权不同价的A股与H股比价，其中也含有人民币与港币的实际汇率差。

在分析宏观经济背景的过程中，还需要考虑劳工就业、收入分布和科技水平等指标。其中，就业率指标是能够用来预测经济趋势相对领先的指标，欧美成熟的经济体大都十分关注就业率指标，并建立了从跟踪统计到公告评估的一套运作机制。例如，美国非农就业月度数据报告就受到了全球金融市场专业投资者的密切关注。我国政府相关部门在原来静态的就业指标之上，着手建立和进一步完善了社会就业统计指标，开始加入动态社会就业率的调查与公告。在当前提倡发展内外经济大循环的形势下，此项工作无论对各级政府、社会实体还是民众个体都是非常必要的，也为宏观经济市场研究提供了新视角。

社会发展的科技水平决定了一个经济体的发展效率和潜力。股票市场中越来越多的产业资本和上市公司将经营主业与科技应用进行对接和渗透，科技创新已经成为资本市场驱动的重要力量，所以关注科技创新对中长期金融市场的研究与预断有不可替代的重要作用。因此，只有花费大量的精力去研究与科技发展相关的产业和企业，才能使在股市角逐和博弈的各类资本不断增值。目前，越来越多的科技专业研究人员加盟到股票市场研究行业，助力投资登上科技发展的快车。

观察市场周期长短

宏观环境决定了大类资产组合整体所处的位置与状态，而对于单一资产及其产业而言，中观产业状况则具有独特的决定作用。

根据耗散结构系统理论，开放系统总是在近平衡态和远离平衡态两种状态之间反复涨落，这就决定了具有类耗散效应的资本市场往往产生反复轮回的周期性变化。而具体到某类资产，其中观产业状况基本具有各自独立的周期性，能展示局部的耗散系统特征，把市场中一个个大小变动叠加组合起来，最终构成市场的时间周期框架。故此，市场研究中要保持对时间周期的相对一致性；否则，即使是同一种资产在不同的时间周期尺度下观察，也会得到不同的状态结论。

产业周期的本质是经济运行状况在不同产业基础上的投射表现。例如，农产品具有“一次供给、持续消费”的特征，其生产周期受到严格的季节性限制，因此，农产品往往具有相对较短的运行周期。但是，工业品的供需情况与之不同，供给与消费大都呈现出连续性，其周期性运行的核心逻辑来自生产设备与基础设施的投资以及产品库存的增减，产业运行周期时间相对较长。整个商品的运行周期体现了各类商品周期之间的嵌套组合。更大的经济周期则需要用更宽泛时间构架来观察。

知识卡片

不同长度的经济周期

根据现代经典周期理论，产业周期的长度多为 1 ~ 10 年：农业周期（又称“蛛网周期”）揭示的是农作物生产对价格的反馈周期，通常为一年左右；库存周期（又称“基钦周期”）揭示的是工商业部门的存货调整周期，一般是3~5年；设备投资周期（又称“朱格拉周期”）揭示的是产业在生产设备和基础设施的循环投资活动的周期，为6~12年。另外，在更长的时间维度上，产业周期还可能受到一些宏观周期的影响。例如：建筑周期（又称“库兹涅茨周期”）主要由住房建设活动促成，周期为15~25年；社会创新周期（又称“康德拉季耶夫周期”“康波周期”）由重大科技创新活动的集聚发生所形成，周期为50~70年。通常，我们都会经历一个康波周期。

产业链利润分布的张弛

产业周期更多地体现在产业链利润总量上的增减及利润率分布的周期性变化。收入以及利润最终是由产业供需所决定的，从较长的时间维度来看，一个产业的利润率分布是链上相关产品的中长期供需格局变化引发的。产业周期性变化最为直观的表现就是产能周期，企业基于对产业未来盈利能力的预期和判断，从而调整自身的生产能力，最终实现全产业链产能的周期性变化。

一般而言，产能周期分为四个阶段。

第一阶段，是产业盈利能力表现较好的时期，企业对未来的投资收益也较为乐观，会主动进行产能扩张。但由于工业品产能投资及建设耗时较长，往往导致实际需求状况与产能增长进度的错配，最终带来产能过剩。这一阶段在金融市场上的表现即为相关产品价格中枢自高位逐步下移。

第二阶段，产业进入产能过剩之后，供求格局恶化，产业链整体利润显著下降，并在较低区域持续。在这个过程中，产业领域的马太效应逐渐发挥作用，大企业依靠规模优势获取相对好一些的利润率，而中小企业则由于成本更高逐渐失去竞争力。最终，部分中小企业停止生产甚至消亡，实现产能出清。在这个阶段，相关产品价格可能长期维持相对低位运行。

第三阶段，随着大型企业规模与盈利能力的不断提升，以及部分中小企业的退出，呈现为产业集中度的增加，此时主流企业在产业链上下游的议价权不断提高，产业盈利能力逐渐得到修复，为新一轮产能扩张蓄积力量，于是相关产品价格逐渐自底部回升。

第四阶段，经济发展使需求持续增长，供需状况逐渐好转，产能利用率也随之上升，企业盈利状况改善，最终又一次刺激新一轮的产能扩张，这一阶段相关产品价格再度被推入高位。

可以看出，产能周期正是行业产能投资引起的供给端变化对实际利润状态做出反应的时间窗口，产能周期的时间长短往往由新产能投产进程的时长所决定。根据传统经济周期统计，每个产能周期长度为 6 ~ 12 年。具体到单一产业而言，周期长度可能根据产业具体情况有所变化。值得关注的是，随着科技进步和生产力发展，产能周期会大幅缩短，部分产业甚至在三五年内即可完成一轮产能周期的循环。

在实际工业生产中，一般会出现多个相互关联的组合生产环节以构成一条自上而下的产业链。产业链上各环节大都拥有自身的上游和下游，因此，其供需格局较单一产业而言更加复杂，影响产业周期的利润分布因素也更多，可能是出现产业链的整体利润在一段时间内变化不大，但各产业环节的利润分布会不断地动态波动，且产业链中利润表现最好的环节往往是产能增速相对较慢的环节。

一般来看，当上游产能增速较快时，产业链利润呈现出自上而下的推压态势，上游产品价格率先回落，带动产业链整体利润率下移；反之，当下游产能增速较快时，产业链利润则呈现自下而上的扩张态势，下游产品价格率先走高，带动产业链整体利润上行。当某一产业链环节的利润处于极高或极低的位置，往往存在利润均值回归效应，导致过高或过低的产品价格趋于回归。例如，在铜矿开采与冶炼产业链中，精铜加工费（TC/RC）便是上下游企业在成本与收益方面博弈的动态结果，也是显示铜产业景气状况的重要指标之一。故此，产业利润分布变动过程正是产能周期变化的具体表现形式。

案例分析

聚酯产业链的产能周期变化

产能周期对市场价格走势的影响在近十年的聚酯产业链上得到了较充分的体现，聚酯产业链上下游 PX、PTA、PET 三种商品的利润情况受各自产能的相对增速影响显著。2012—2016 年，中石油、中石化等大企业的 PX、PTA 装置大量投产，产业链上游供过于求，PX、PTA 的利润承压，PTA 期货主力合约价格从最高位 12396 元/吨大幅下行至最低位 4200 元/吨；产业链利润向下游 PET 端集中。2016—2018 年，随着 PET 产能的大量投放，市场竞争激烈，间接使 PTA 与 PX 的利润大幅增加，供需关系好转，PTA 期货主力合约价格上涨至 8062 元/吨。2019 年起，PX 与 PTA 均进入投产周期，该产业链形成自上而下的严重过剩，各环节利润纷纷降至历史低位，PTA 期货价格不断创下历史新低，主力合约最低价格跌破 3200 元/吨（见图 3－6）。

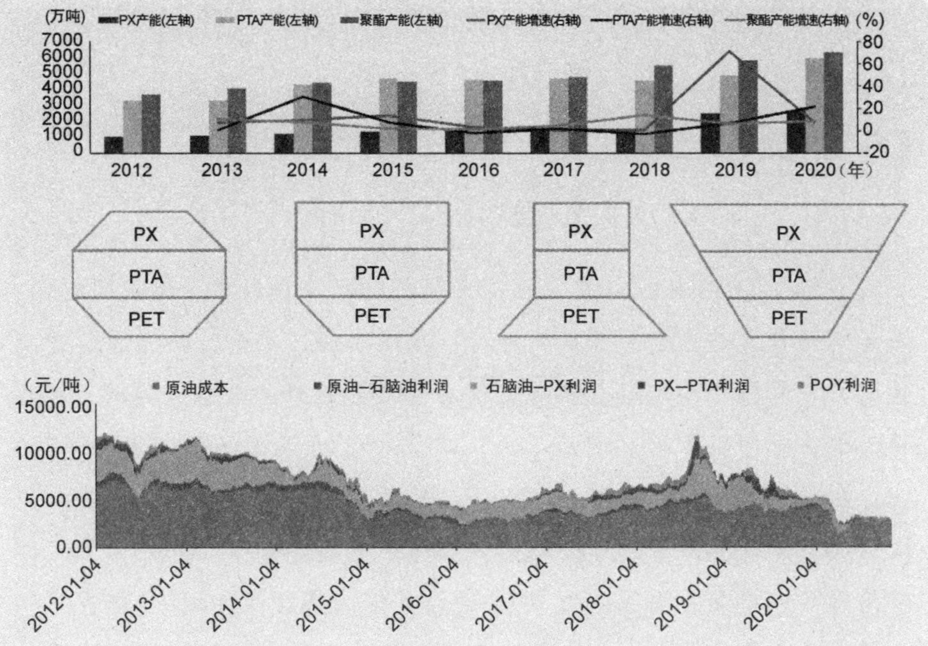

图 3－6　2012—2020 年聚酯产业链产能增速与利润分布

“有形之手”的刚性作用

除了正常的产能周期外，产业运行还受到一些事件性因素的影响，其中最为重要的无疑是相关产业政策，代表着国家对产业的干预。当产业涉及国计民生问题，且通过自身的供需调整机制无法维持正常运行时，国家可能会用“有形之手”推出产业政策来调整和改变供需态势，对供需的调整通常具有刚性作用，这不同于一般经济规律的影响。就是说，通过“有形之手”进行适度干预，可以改变“无形之手”失灵状态下难以达到的效果，进一步导致产业链格局的重构和供需关系的再平衡。这也是总结多次经济危机的教训后，在现代社会经济治理的过程中，各主要经济体对“市场至上”的局限性形成的共识。

案例分析

棉花产业收储与抛储政策

自1999年开始，国家对棉花市场进行市场化改革，棉花的收购、加工和销售完全放开，国家不再对棉花购销统一定价，转而通过建立国家棉花储备参与市场。其历史变迁主要经过四个阶段：1999—2008年，储备对棉花市场参与度不高，收储抛储的数量一般在30万吨以下，对价格影响相对有限。2008—2015年，为完成金融危机托市和稳定种植收益目标，储备开始大量参与棉花市场，进入“收储为主、抛储为辅”的累库存阶段，到2015年储备棉已累积了高达1000万吨以上的天量库存。2016—2019年，为完成棉花去库存和缩小内外价差的目标，储备开始连续大量抛储棉花。到2019年末，储备棉基本完成去库存目标，剩余库存不足200万吨。2020年至今，储备棉进入常态化轮入轮出阶段，维持200万吨左右的安全库存，轮入轮出总量一般小于50万吨，对市场价格影响有限（见图3－7）。

棉花收储、抛储政策体现在政府参与市场，改变产业总体的供给与需求上。由于我们储备棉政策一般都是逆周期调控，在棉花熊市时以收储为主，对价格起到托底作用，在一定程度上减小了棉价跌幅；反之，在棉花牛市时以抛储为主，对价格起到平抑作用，在一定程度上减小了棉花涨幅。综合来看，收储、抛储政策主要产生了平滑价格波幅效应，一般不会改变产业运行的主流趋势。

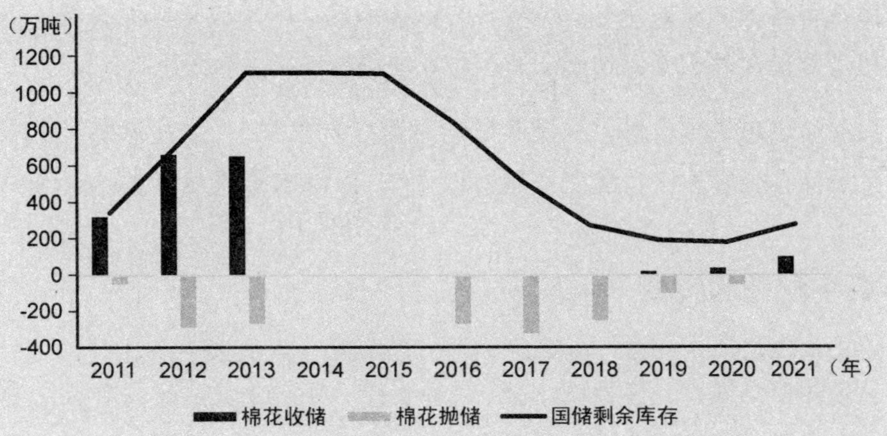

图 3－7　2011—2021 年中国棉花的收储与抛储情况

“第二层思维”再观察

商品市场的工业品主要包括能源化工、黑色、有色等品种，工业品是国民经济的基石，同时也是经济的血脉。影响工业品价格的因素众多，且工业品品种之间相互影响又十分繁杂，导致工业品的不确定性增大，供需错配频繁出现。其价格波幅整体上大于农产品。

常规的分析方法立足于供求决定价格，供大于求导致价格下跌，供不应求导致价格上涨。实际上，价格也在反作用于供求。价格上升过程中，需求可能下行，供给可能上升；价格下降过程中，需求可能上行，供给可能下行。任何价格的波动都取决于这两个过程，而不是简单的供求决定价格。

例如，某品种处于供不应求状态，供求缺口会推动价格上涨。但是，上涨幅度不仅取决于供求缺口有多大，还取决于价格反作用于供求以再平衡的过程。试想，如果价格上涨能够有效刺激供给、抑制需求，再平衡很容易实现，价格涨幅则不会很大。如果价格上涨不能迅速使供求再平衡，价格的上涨幅度就会较大，持续时间也将较长。回顾历史可以发现，很多大行情都是因为价格变动无法持续有效地使供求再平衡而出现的。

关注供求决定价格，只是典型的“第一层思维”，关注价格对供求关系的反作用，则属于“第二层思维”，这正是 CME 研究体系的特点之一。

市场主配角的转换

商品市场常有一种看法：农产品看供给，工业品看需求。其核心逻辑是从供求偏差角度来考量的。相对于工业品而言，农产品需求下限支撑的表现更为刚性，其供给易受天气、环境影响，从而出现较大的波动，市场价格进入高波动率时段。工业品供给表现得相对稳定，在产业投资周期和利润周期共同作用下，产能的下限和上限范围可基本划定，产出水平则由开工率决定。工业品需求相对供给更加活跃，易被产品价格左右，尤其是在利润传导出现波动时，市场价格对下游需求显得更为敏感。这一市场逻辑的演绎主要是依据商品市场这个“无形之手”来调节和主导。

从经济整体发展而言，“有形之手”时常会参与到市场经济活动之中，适当校正“无形之手”所无能为力之处，可阶段性地帮助市场抵御经济周期波动的冲击。供给侧结构性改革和中美贸易争端以来，常规的农产品供给端和工业品需求端对市场价格的影响逐渐被平滑；反之，农产品需求端和工业品供给端对市场价格的影响越来越大。如国储收购、环保限制、许可证进口、碳中和等，都在不同阶段分别作用于农产品或工业品的供需两端。当然，农产品与工业品的核心因素有时也会被市场政策的“有形之手”所左右。所以，我们不应被固有思维模式所限制。随着现代商品市场的深入发展，常规性逻辑势必逐步被阶段性打破，进而影响市场价格波动的核心因素逻辑，使主角与配角时常转换。

若隐若现，若即若离

宏观环境大致可以从三个方面去影响工业品的价格走势。其一是工业品需求与经济增长紧密相关，无论有色、黑色还是能源、化工和建材等产业，都如同人体经络一般深入到经济社会的各个领域，经济整体状况自然就决定了工业品全局的“温度”；其二是工业品的生产企业和消费企业往往都对信贷总量和利率水平十分敏感，货币政策的松紧程度直接决定了企业资金水平，进而影响工业品的生产与消费情况；其三是相比商品的供需基本状况，宏观环境总会有更多题材的变量刺激市场，金融资本恰恰对宏观环境的关注度极高，宏观经济“温度”的变化经常会传导到相关商品市场的价格波动中，并给予价格走势以显著的冲击力。

宏观环境虽然可能从多条路径去影响工业品价格，但是通常情况下，商品价格还是取决于自身的供求关系。因为宏观环境在常态下都不会出现剧烈变化，此时工业品往往走的是自身供求变动的市场逻辑。只有在经济持续衰退或复苏、货币政策明显放松或从紧等状态下，宏观环境因素才能强烈地左右工业品市场的走势。当宏观变成核心因素时，它就成为行情走势持续发展的主角。此阶段，产业供求的影响力往往会大幅减弱。

案例分析

新冠疫情引发的系统性风险

2020 年，随着新冠病毒影响范围的不断扩大，国内市场商品的价格集体下跌，特别是 3 月中下旬开始，商品价格跌幅巨大。美国原油期货更是出现了史上罕见的负值状态。作为大宗商品之王，原油的崩盘加剧了商品市场的恐慌情绪。正常状态下，商品各自的基本面通常都会不同，商品走势也会表现出分化的状态。然而，新冠疫情这类重大的宏观因素突发之后，各商品基本面的差异被淡化了，几乎所有交易品种的方向都一致向下。常态下，宏观因素只决定商品的环境“常温”；特殊状态下，宏观因素变化相当于环境温度出现了剧烈变化，由于工业品的金融属性较强，特殊宏观面对工业品的影响力则更加巨大。

产业集中度与话语权

通常来说，产业集中度越高，产业链相关产品的管控力就越高，话语权也就越强。但这里有一个前提，就是要考虑产能是否过剩。如果产能过剩，产业内部竞争激烈，较高的集中度并不能给上游企业带来很大的优势，使商品的价格跟随需求运行；如果产能不足，产业的集中度越高，则话语权越强，工业品供给对价格的影响也强于需求。在大多数工业品都存在产能过剩的情况下，上游产业集中度高的影响力未必能充分发挥；反之，上游产业集中度较高且产能被管控的力度较强的商品，如进口铁矿石资源集中在少数海外大企业手中，此局面几乎左右了该商品的中长期价格走势。

需要注意的是，在某些特殊情况下，例如，出现灾害导致产品短期内大幅减产、去产能政策使产能过剩明显缓解等状况，可能会倒逼产能集中度的结构发生变化。可见，基本供求关系的研究应用还需要灵活掌握，不能指望用一种套路来分析市场逻辑。更重要的是，在研究市场各类经验法则时，需要关注其前提条件的存在可能性和持续性。

“灯下黑、背景白”

工业品的生产设备往往耗资巨大，新装置投产之后，不会在中短期内退出，这就导致产能变化成为一种相对可预测的变量。然而，市场舆情总是希望追逐市场的最新热点，产能周期这类可提前预测的因素，往往会遭到“选择性过滤”而被忽视，就导致了“灯下黑、背景白”这一现象。这一现象虽然众所周知，却可能不在主流的市场研究逻辑之中。事实上，“产能过剩＋上游高利润＋需求不足”的场景，常常是市场持续走弱的初始阶段，而“产能不足＋开工率达到极限＋需求上升”的情况，则被市场持续看好。这些情况多出现在市场行情的“升贴水”结构变动上。

市场案例

橡胶产能周期对价格的影响

橡胶产自橡胶树，橡胶树的总种植面积可以近似地看成是橡胶的产能。2005—2012 年，中国、泰国、越南新增了大片胶林，印度尼西亚和印度的橡胶树种植面积也有一定程度的增长。橡胶树种植后一般 6 年至 8 年可以开始割胶，开割后头两年产量有限，第三年开始橡胶的产量逐渐达到正常状态。以此推算，2005—2012 年新种的橡胶树会在 2012—2019 年持续开割，真实产能的增加还会再延后两年。从橡胶期货价格走势来看，2011 年初沪胶达到顶峰，2011—2015 年，沪胶价格持续下跌。2016 年后，虽然沪胶出现了阶段性的反弹，但是整体上看，沪胶价格依旧呈现出易跌难涨的状态。以橡胶产能周期的视角来看，近十年橡胶价格持续弱势。从图 3－8 中也可以看出，产业的产能周期对工业品中长期行情存在巨大的影响力。

图 3－8　橡胶的产能增长周期形成的长期熊市

经过近四十年高速发展，国内不少产业由增量扩张转向存量竞争态势，不少产业出现持续供过于求的状况。近年来，供给侧结构性改革引导和推进产业结构实施重大调整，涉及大宗商品的相关产业不在少数，存量博弈规则将利于产业集中，产业链环节利润动态分布也会出现重大变化，“有形之手”与“无形之手”相互角力，对相关的商品价格波动趋势有着重要影响，如近年来钢铁业系列品种和养殖业的生猪品种等。

“浮在水面上”与“沉在水下”

在商品市场中如果生产量大于需求量，则会使一部分商品不能进入交易环节，而是自然沉淀形成了库存量。库存变化量代表了在一定阶段产业链各环节间商品存量的高低，库存对商品价格影响较为重要，是传统的基础研究结论的落脚点。然而，简单直接地使用库存与价格对比，我们会发现二者之间的关联关系并不是一成不变的。这是因为库存具有四种不同状态：第一，被动去库存阶段。此时企业并没有扩张产能，产量被有所控制，但是需求却已经明确转好，导致对上下游企业出现被动化去库存。在此阶段，价格倾向于上涨，库存与价格负相关。第二，主动建库存阶段。上游企业已意识到来自产业链下游需求的好转，对收益预期也随之转向，企业开始主动加大库存以应对需求的增长。同时，中下游企业也对该产业持乐观预期，于是建立投机性备货库存。此时，价格继续上涨，与库存呈现正相关关系。第三，被动累库存阶段。此阶段上游企业预期仍旧乐观，但是下游需求已经转弱，库存被动性上升，商品价格走势显露疲态，与库存呈现负相关关系。第四，主动去库存阶段。下游需求边际萎缩开始传导至上游，企业预期转向悲观，降价消化库存成为第一要务，此阶段市场价格一路走低，与库存呈现正相关关系。

库存分析看似非常合理，但是实践之中也有诸多需要注意的问题。首先，库存分为显性库存和隐性库存。显性库存的数据“浮在水面上”，相对容易获得，而隐性库存状况“沉在水面下”，往往不易被了解。中间链条较多的产业的库存情况更是“水深”难测，即使开展深入的产业调研也未必摸得清楚，对于隐性库存只能做到大概估量。

其次，库存又分为常规库存与投机性库存，投机性库存往往具备较大的隐蔽性，当某个品种价格大涨时，我们常发现其库存并不高，价格达到一定的高位后，突然之间市场冒出了大量的库存。这就是价格上涨时，产业链多个环节都在建立投机性库存（即囤积居奇现象），这部分库存难以预估。

最后，市场情绪偏好因素的驱动有时会起到至关重要的作用，该因素在市场反身性效应影响下，可以在中短期市场行情中不断发挥其驱动力。但是，市场情绪偏好度则难以在库存分析及其派生的供求平衡表中得到充分体现。

即便库存分析存在这些盲区，但该方法仍旧是当前市场主流的基本分析方法之一。需要注意的是，库存研究的重点应放在决定库存的因素上，需要预判库存变化的前提条件。若相关条件发生改变，库存的状况自然会跟着变，这种研究方式比单纯观察库存更加有利。

如何看待农产品库存消费比

农产品基本分析法是根据商品的供求状况及影响供求的各种因素，来解释和预测商品行情走势的方法。其主要包括平衡表、季节性、天气、因子类比四种视角。严格来说，农产品的内在价格无法确切把握，供求平衡表也只是对已经发生的供求关系的概括，因素分析也存在主观判断的局限性。因此，必须将多个方法综合起来，才能更好地观察和预判市场。

在现代农产品分析理论中，使用供求平衡表对价格变化进行总结和分析的方法较为普遍。研究者将农产品历史的供应数据、需求数据以及相对应的库存水平与当前价格走势进行对比，可模拟出农产品价格与库存的某一阶段性关系。这种关系一旦建立后，便可以通过未来的农产品供求结构，特别是库存变量的观测来推算出未来价格走势合理的波动区间。

通过供求平衡表，我们还可推导出库消比。作为衡量商品供需匹配状况松紧程度的核心指标，库消比在商品市场上对未来价格走势具有较强的预测作用，大致可决定下一阶段市场走势方向的基调。下面我们分享一下大宗粮食的库消比。世界粮食大会曾提出过一个估算的市场安全系数，即世界粮食期末综合库存量至少相当于当年粮食消费量的17%～20%，这一比例在20%以上为粮食的安全状态，少于17%为非安全状态，低于13%为紧急状态。这类似于商品供求关系的宽平衡、适度平衡和紧平衡的三种状态，但粮食商业库存量比例可能还会低于以上数值水平。一般来说，大宗农产品的库消比如果进入紧平衡状态，因人口对农产品不可或缺的刚性需求，则其市场价格走势将会出现大幅波动。

因为农产品有“一次供给和持续消费”产业特征，所以库消比也是个动态指标。依据农产品从播种到收获整个生长周期的变化状态，市场常会关注此项指标并不断进行研判与交易。以美国大豆成熟过程为例，播种期跟踪种植面积报告、生长期跟踪作物生长进度报告（生长进度和优良率）、销售期跟踪周度出口等数据指标报告等这类高频报告恰恰配合了市场情绪的演变。但这些市场情绪偏好因无法折现到库消比之中，有时会导致市场出现认知偏差。

市场案例

美国玉米库消比与 CBOT 玉米主力合约连续价格

2004—2005 年美国玉米库消比为 20% 左右，对应的 CBOT 玉米价格跌破 200 美分/蒲式耳；2012—2013 年美国玉米库消比约为 7%，2012 年 8 月对应的 CBOT 玉米价格达到 800 美分/蒲式耳，2020—2021 年美国玉米库消比约为 7%，2021 年 5 月对应的 CBOT 玉米价格达到 735 美分/蒲式耳。历年 CBOT 玉米价格走势几乎完美地反映出报告中库消比的数字变动，两者呈现出明显的负相关关系（见图 3－9）。

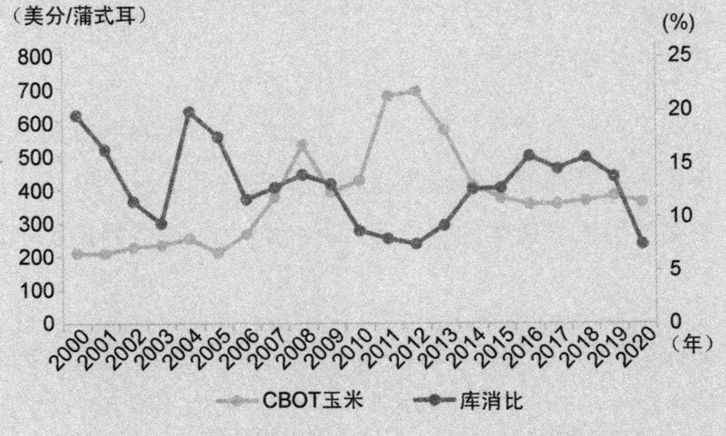

图 3－9　美国玉米库消比与 CBOT 玉米期货价格对比

我国农产品市场目前还尚未建立起类似于美国定期公布的农产品年度生长过程官方报告制度体系，这给相关的衍生品市场研究带来了较大的困难，也会导致市场阶段性波动加大。随着我国农业现代市场经济体系的进一步完善，这类农产品生长的权威性定期报告也会应运而生，将有利于农业市场的总体运行与管理。

期现的季节性错配

一般来说，农产品平衡表的变化决定着品种的中长期走向，而其季节性因素和其他阶段性因素则决定着品种的中短期走势。

农产品季节性包括两个层面。其一是供求的季节性，最明显的是春播秋收这个农作物常有的特性，这种特性带来了供给与需求之间天然不对称的“错配”，并且跟随季节递延呈现出一定规律的变化。其二是市场价格走势的季节性。按照常理，供求关系决定市场价格，供求一旦具备季节性，市场价格走势也会跟随季节相应变动。然而，期货市场具有前瞻预期性，市场价格走势可能提前反映未来的供求季节性，这就导致期货价格的季节性与供求的季节性通常不一致。如在春节前后鸡蛋期货市场从旺季转为淡季，其合约价格走势常会形成分化。

因此，农产品的季节性价格走势主要是受供给和需求两个基本面因素影响，在市场中农产品的生长与需求的季节性特征达成了共识。天气、农作物的病虫害及牲畜养殖类的补栏等众多指标变化投射到市场中，具有预测效应。

农产品现货的季节性特征是与生俱来的，但活跃的期货市场有可能会“夸大”市场运行，在个别的特殊年份，还会出现反季节性的价格走势。例如，随着收获季节到来，农产品的新年度产量情况逐渐明了，市场也面临季节性供应压力。若是丰产年头，季节性供应压力则更大，农产品价格也走弱，表现为顺季节性。但若是减产年头，出现供给未达到预期产量情况，农产品的市场价格往往易于走出反季节性行情。进入消费旺季，市场的供需矛盾却不断深化，此时市场走势的夸大程度更严重，但对于一些短周期农产品，如大众食用的鸡蛋，因其保鲜保质的要求，逾期存货无法进行现货交割，所以鸡蛋的当期供需关系左右市场行情走势程度更深。

市场案例

鸡蛋市场的季节性与反季节性

从全年供给需求周期来看，春节过后鸡蛋市场进入需求淡季，供给量企稳回升，鸡蛋价格多处于年内低点。7 月至 9 月，产蛋鸡的产蛋能力受夏季高温天气影响，虽然春节后补栏鸡苗陆续开产，但整体鸡蛋供应量增长乏力，需求端迎来开学季和中秋消费旺季刺激，价格多处于年内高点。

但反观鸡蛋期货的市场行情，9 月合约一般是当年合约里较为强势的多头合约。就当年来说，2020 年的三个合约，如 8 月、9 月和 10 月合约均在 7 月以后持续下跌，并以新低价格结束，主要原因是前期市场根据现货的特征，打足了季节性升水，现货商将前期供应压力通过库存后移，后市现货边际走势持续低于预期，出现 9 月合约疲态走势（见图 3－10）。

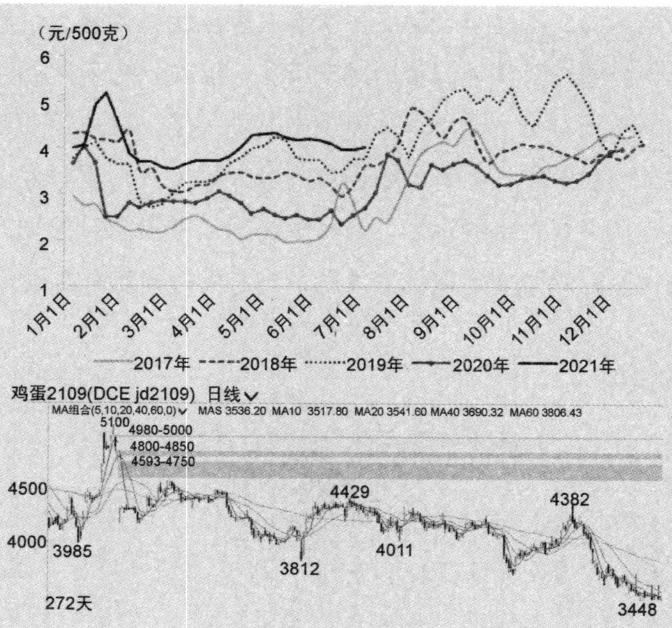

图 3-10 鸡蛋的季节性与反季节性

学会跟老天爷“玩牌”

对于农产品市场来说，天气作为影响供给的主要因素，历来是预判价格走势的重要参照指标。从播种到秋收农作物受天气影响巨大，天气具有模糊性、突变性和区域性等特征，难以判断和量化，气候因素时常会成为重要的“灰犀牛”。在农产品市场上，无论是产业资本（即货主方）还是金融资本（即钱主方），双方之间都会面临天气变化因素的冲击，不管“货多多”还是“钱多多”，都必须看老天爷的脸色行事。变幻莫测是农产品市场研究与交易的博弈难点和精彩点。

以美国大豆（以下简称“美豆”）为例，每年的6月、7月、8月三个月份，美豆都处于“天气市”状态。这期间为大豆生长的敏感期，天气变化会对大豆生长情况造成明显的影响。农作物在生长季容易受到天气影响，市场的波动率也随之增大。若出现类似干旱状况，则更是影响市场对农作物单产和总产量的预估，减产预期会激发市场炒作热情；反之，若确定丰产后，市场行情则大概率会出现下行。

知识卡片

厄尔尼诺与拉尼娜现象

厄尔尼诺与拉尼娜是西班牙语“男孩”与“女孩”的意思，与全球气候变化有密切关系，可能导致极端天气灾害出现的概率增加。东太平洋尼诺3.4 区域的海平面温差是评判厄尔尼诺和拉尼娜现象的重要指标。一般而言，当该温差持续5 期高于0.5 摄氏度，则意味着厄尔尼诺现象的出现；反之，持续5 期低于 -0.5 摄氏度，则会出现拉尼娜现象。

每隔数年，正常环流被打破，当东南信风减弱，东太平洋冷水上翻现象消失，表层暖水向东回流，导致赤道东太平洋海面上升，冷洋流转变为暖洋流。与此同时，原来的干旱气候转变为多雨气候，甚至出现洪水泛滥，这就是厄尔尼诺现象。在厄尔尼诺年，印度尼西亚、澳大利亚、南亚次大陆和巴西东北部出现干旱，而赤道中太平洋到南美西岸则多雨，可能引发拉丁美洲洪涝灾害，造成澳大利亚干旱，导致印度农作物歉收。

拉尼娜现象与厄尔尼诺现象相反，指东太平洋海水温度异常低。当东南信风异常加强时，赤道东太平洋海水上翻异常强烈，降水异常偏少，而赤道西太平洋海水温度异常偏高，降水异常偏多。拉尼娜现象通常会迫使南北半球的大陆区域出现干旱的情形，因此，农产品价格的异常波动也常出现在拉尼娜现象期间。两种现象对农作物产量的影响具有一定概率规律，但并不是必然规律。

市场案例

拉尼娜现象与CBOT市场美豆主力合约连续价格

全球大豆主产区主要分布在美国、巴西和阿根廷等地。从过去三十余年的统计数据看，拉尼娜现象对美豆单产的影响减弱，拉尼娜年单产平均水平与拉尼娜现象发生之前年份相比，下降并不是很多，并未大幅偏离产量趋势线。而拉尼娜现象预示着南美大豆减产的可能性增大。从影响干旱的区域和强度看，对阿根廷的产量影响大于巴西。如巴西2007年年均单产未受到重大影响，2010年产量不减反增；阿根廷单产在2010年减产非常明显。

分析近两次拉尼娜现象发生后的美国CBOT市场的大豆主力合约价格走势，2007—2008年主力合约涨了近40%；2010—2011年主力合约再次大涨，涨幅达到了60%。我们对数据观察和导致减产的因素一起分析，CBOT市场大豆在拉尼娜现象影响期间上涨的概率较大，且上涨幅度也非常可观（见图3-11）。

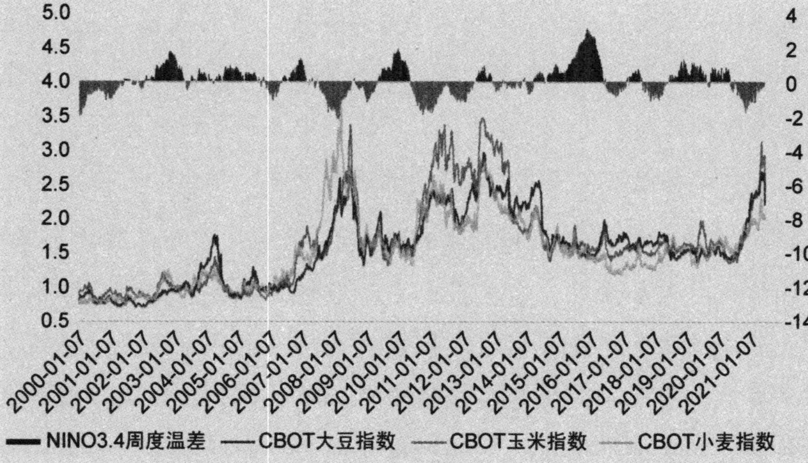

图3-11　拉尼娜现象与美国农产品价格走势

因子类比与触类旁通

因子类比，是指基本面分析中选择若干个重要因素进行定量或定性的对比，从中寻找出彼此的相关程度。具体可包含单因子的历史时间序列对比、相关多因子间和非相关多因子间的历史时间序列对比、专业市场分析机构经常使用的数理统计方法，及对农产品市场价格走势建立的一系列预测模型。

单因子类比会多采用一些重要指标的预测值，如上述库消比、季节性与天气等因子指标，并与历史数据建立的模型进行统计对比，预估未来农产品市场价格可能的运行区间与波动。

相关因子间类比（即常见的“范式相关类比”）应用同类别的多个商品历史价格进行统计比价，寻求各自商品之间的共振关联，进而来分析估算市场商品的定价区间。如棕榈油、菜油与豆油、玉米与大麦、猪肉与鸡蛋等多样式比价关系，当比值/差值过于偏离常态进入极值区间后，相关农产品之间会形成替代效应，当某一个农产品涨价或跌价，通过需求替代，会带动另外一个农产品共振上涨或下跌。例如，2019 年国内猪肉供给大幅减少，导致社会整体动物蛋白食品供给紧缺。这时，猪肉价格的快速上涨打开了鸡蛋的替代空间，导致鸡蛋相关合约在替代预期共振推动下跟随猪肉价格上行（见图 3－12）。

非相关因子类比（即不常见的“非范式相关类比”），是指不同类别商品或资产的统计比价，两者之间看似没有必然的相关性，但通过较为专业的寻找、挖掘和分析，可比对出它们的市场价格走势背后的联系，找出一些隐性的中间变量，找出隐含着的相关性，由此验证某一市场内在的关联逻辑。

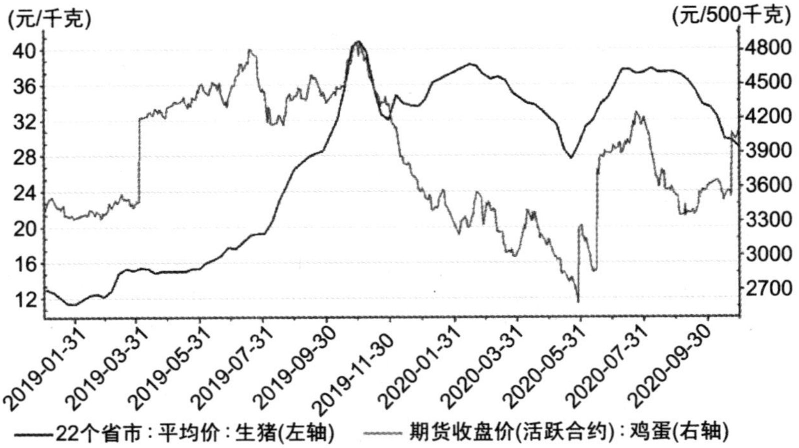

图 3－12　2019—2020 年鸡蛋与生猪价格走势

市场案例

中美贸易争端背景下，美豆/国内豆粕比价和上证指数的关系

2018 年以来，中美贸易争端一直是贯穿在宏观环境的大变量，两国贸易交流的情绪改变直接对金融市场的风险偏好产生较大的影响。通过细致观察与分析，采用美国 CBOT 大豆的市场走势与国内 DCE 豆粕的市场走势比价来模拟中美贸易情绪指数，并从商品市场状况变化来观察中美贸易争端对国内股票市场指数的影响，从中可以看出 CBOT 大豆/DCE 豆粕的比价曲线与上证综指行情走势在一段时间内的强相关性（见图 3－13）。

图 3－13　美豆/国内豆粕比价与上证综指

情景研析（C 模块）是传统研究的主要内容，包含从宏观环境、产业状况乃至商品细节的方方面面，既可以是一种自上而下的研究框架，也可以是一种自下而上的分析过程。但是，C 模块的研究分析绝不是简单地罗列市场信息，其更在意的是识别和提炼核心因素。在收敛和过滤出来核心因素之后，C 模块的落脚点是据此给出特定条件和场景下的预期判断，进而为接下来的 M 模块和 E 模块的研究奠定基础。

本章结语

● 识别和提炼市场主要因素如同用筛子滤除杂质留下精华，不过筛眼的大小因人而异，进而对市场假设性判断也不尽相同。

● 当宏观环境变动直接作用于某个具体资产品种上，可能会产生超乎寻常的行情走势。

● 通货膨胀不仅是社会物价运动结果，也是反映宏观经济环境的标识。

- 市场耗散性决定周期性变化，不同产业的局部耗散特征叠加并组合就构成了整体市场不同的时间周期框架。

- 农产品天然具有“一次性供给与持续性需求”非对称供需关系，通过编制供需平衡表观测价格运行区间，不足之处却是难以将市场情绪性估值纳入其中。

- 天气因素历来是影响农产品市场的“灰犀牛”，其难以预测和量化，因此往往是农产品市场研究与交易的博弈难点和精彩点。

- 工业品的金融属性一般都强于农产品，宏观环境变化常会直接或间接地影响工业品供需关系的两面。

- 库存分析并不是单一指标，而是一个体系，应尽可能考虑显性与隐性、常规与投机、被动与主动等多种库存变化，只有这样才能反映产业库存的综合状况。

- 由于商品期货的预期性，市场价格可能提前反映出供求季节性的未来，导致商品期货价格的季节性与现货价格的季节性存在不一致的可能。

第四章
市场反应（M 模块）

先见象数，方说得理，不然，事无实证，则虚理易差。

——（宋）朱熹，《易学启蒙》

CME 研究体系的特点在于多维度、互验式的透视市场，除了使用常规的基本面研究 C 模块，还具备观察市场反应的 M 模块，进而产生前两者偏差的 E 模块。M 模块作为体系的组成部分，使 C 模块有了对照、验证的方法和路径。M 模块包括技术面分析、价差分析、市场调研三个子模块，每个子模块都从不同的角度为 C 模块提供了反馈信息，从而改善以往的传统研究中偏重基本面分析与研判，忽视市场面变化观测所导致的整体研究的片面性。

与 C 模块相比，M 模块的研究过程应坚持客观性、持续性和节奏性的原则。客观性是指以市场的实际价格走势作为研究基础，减少主观判断；持续性是指测量市场行情过程中涨跌变化背后所反映出的主要驱动力度；节奏性是指着眼于观察市场行情走势在时间和空间上展开类似于“舞蹈节奏式”的变动过程。图 4－1 为 M 模块的基本构件组合图。

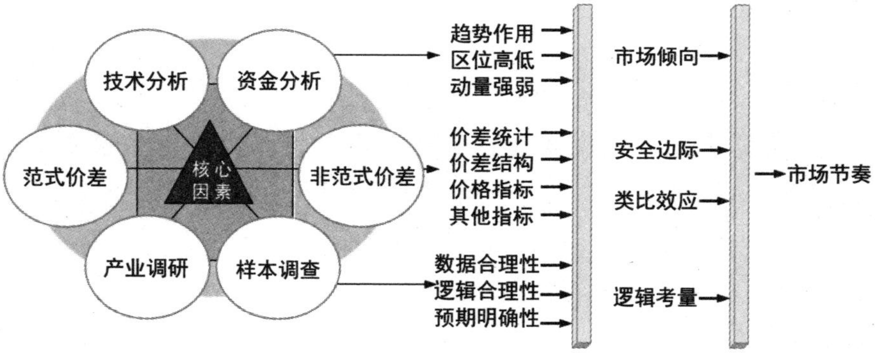

图 4－1　M 模块的基本构架

供求分析的“叹息之墙”

商品市场的期货价格走势与现货价格变动有高度相关性，但期货价格在更多方面取决于对市场未来供求状况变化的预期，这是常识，也是研究工作的底层逻辑。然而，人们对这一常识的理解往往存在一些误判，主观认为供求分析的模式是供大于求时价格下跌，供不应求时价格上涨，供求状态与价格是直接对应的关系。

事实上，对于期货价格而言，预期未来供大于求时，价格未必会下跌；预期未来供不应求，价格也未必会上涨。供求状态与期货价格走势并不是简单直接的线性对应关系。期货价格核心特点在于预期性。通俗来讲，商品期货市场总在反映未来的事情，使当前的供求形势与期货价格走势往往并非相符。

期货市场从影响因素到价格走势有自身独特的映射逻辑规则，不少商品产业参与者一直有现货思路，所以其在期货交易过程中还会有现货意识，这与期货交易思路存在巨大反差。即便其对供求状况了如指掌，也未必能够在期货市场上游刃有余。进一步看，存在利好因素，未必会使价格上涨。任何因素导入期货市场的时间不同、方式不同、与环境的配合度不同，价格走势的反应也不尽相同。所谓利多、利空等因素的影响都是相对的，而不是绝对的。所涉及的期货市场的独特规律，其中一些是可以纳入基本面分析体系的，另一些则是基本面分析无法解决的。基本面能力边界之外的领域，需要技术面分析发挥作用，此类工具可透视市场变化的运行特征。同时，反观 C 模块，C 模块可以验证基本面预判的可靠性，这正是 CME 研究体系引入技术面分析的主要原因。

“第三只眼”看市场

价格反映一切信息，历史会不断重演，价格呈现趋势运动，这三大假设是技术面分析得以成立的基石。其中，价格反映一切信息，这条假设是打通了技术面与基本面两大体系的通道。传统观点往往认为基本面与技术面是割裂的，但实际上市场价格走势不仅包含了众多参与者基于市场基本面的判断，还隐含了参与者用资金“表决”出来的市场偏好选择，使价格内涵更为丰富，包含了市场内在的部分信息及可预测性。基本面与技术面的互动关系在价格传导机制上有所显现，从而产生“价格反映一切信息”的说法，由此建立的技术面分析成为有效的分析方法之一。

进一步看，价格走势除了反映了市场对基本面的预期，还反映了市场情绪的状态。一旦出现天灾、意外的重要政策发布等偶发因素时，常规的基本面分析往往不能及时得出结论。对于这类偶发因素，我们难以及时进行调研与跟踪，其影响力很难在短时间内进行定性和定量分析。短期内价格的波动在很大程度上取决于市场情绪偏好选择的结果，此时，技术面分析适用范围在某种程度上比基本面研究更有时效、更为直接，就像用“第三只眼”视角去观察市场。所以，技术面分析根植于基本面，并在某些方面超越了基本面，从而成为基本面研究较好的补充。

价格是市场的无声语言

对交易者来说，商品市场价格变化是一种最公平的市场信息，在可得性和完备性方面对大多数交易者都是一视同仁的，但交易者看到价格之后的解读却各不相同。市场行情走势不会说话，但并不代表它无意义，它更像是一门独特的“哑语”，默默地表达着市场变化的意思。哑语又称为手语，是无声的语言，它通过手指和手势的变化组合构成了一套通用的交流方式。只有经过专门学习和训练的人才能读懂哑语的隐义，局外人见到哑语如见“天书”，不知所云。技术面分析是类似哑语的一种市场专业解读工具，经验不足的交易者难以读出市场隐含之义，而成熟的投资者则能够解读出市场价格走势所表达的“哑语”内涵。

技术面分析在一定程度上可有效解读出市场所要表达的内容，可以从当前的价格运行轨迹中找到市场未来涨跌的某些线索，且反映出来的市场内涵要比单纯的基本面分析的层次更深。基本面分析多是在研究梳理各种信息之后得出逻辑结论，不论过程如何专业，都不可避免地带有主观性和局限性。而价格走势更多地体现在市场用资金“投票”得出的结果，反映了全市场参与者汇总的观点。从这个角度看，价格走势理应包容超出个人研究分析的内容。

市场案例

市场技术分析是市场群体行为的观测工具

价格语言就像密码一样，虽然信息量巨大，但是要读懂这门语言却十分不易。技术面分析是破译价格走势密码的一系列组合工具，其本质上是用于观察市场众多群体行为变化过程的测量模式与方法。然而，行业基本面研究人员常常对技术面分析的认识较为局限，不少研究人员甚至不熟悉约翰·墨菲的经典之作《期货市场技术分析》所论述的各种技术面分析工具。

关于各种分析工具的使用方法，市面上有很多书籍专注于此。然而，这些书籍往往都专注于“点”，而很少关注“面”。所谓“面”，指的就是技术面分析内在构成基础的体系，大致包括技术面分析的基本理念、具体目标、分析工具及其使用方法。

技术面分析理念，是指对价格波动规律的认识与模式的识别。例如，价格往往呈现趋势运动；再如，80% 的行情都是震荡，这些都反映了市场参与者对市场价格的认知，技术面分析只不过是用统计市场以往出现的场景类比，推导出具有一定规律性的市场运行模式。而这些固定模式与现实状况关联的程度，以及人们解读市场水平的程度，都会影响技术面分析的有效性。

技术面分析的目标、工具以及工具的使用方法，三者结合成为技术面分析的基础体系，既有目标指导下技术工具的选择、自上而下的统领关系，又有技术组合应用、自下而上的互动关系。技术面分析需要从关注目标、工具选择到使用方法相互关联的一整套构架模式，只有这样，才可能解读出不断变化的市场中的隐含信息。

草木竹石皆可为剑

交易市场常有一种偏颇的观点，认为公开的技术工具多是有效性不足的，只有开发出新的技术工具才是赢道。这种观点是过于沉迷于工具，实际上盈利的关键不在于工具，而在于使用工具的人。只要选择合适的方法，并且为不同的工具选择不同的适配场景，多数技术工具都是能够解读出市场隐性语言的。

事实上，虽然技术面分析的工具众多，但是大部分工具都是从价格、持仓量及成交量衍生出来的。由于多数工具本质上同源，导致工具的表现形式虽然不同，但是应用功能却是大致相通的。综合来看，技术工具可分为三大类，即趋势类、震荡类、量能类。顾名思义，这三大类技术工具分别用于描述市场趋势、波动、能量的状态。例如，趋势类技术工具众多，多均线系统、波浪理论、形态组合等，都是从 K 线组合轨迹变化中衍生出来的。使用技术工具，一定要先了解技术工具的功能类别，不然有可能用错了工具，也读错了市场信息。

可见，关键问题不在于技术工具本身，而在于根据不同的场景，选择合适的工具。如同使用菜刀一样，切菜的时候很好用，炒菜的时候就无用武之地了。显然，刀子有没有用，并不是取决于刀子本身，而是取决于使刀者的选择。技术面分析工具重在选择，贵在操用。经验丰富的投资者经过多年磨炼，可能达到了从有招到无招的水平，也能得心应手地使用工具，从而达到“草木竹石皆可为剑”的境界。

趋势、区位、量能铁三角

M 模块是解读市场运行重要信息的架构，其中包含了一系列技术工具的运用。具体来说，是从市场内在的趋势、区位、量能为主的三个层面进行分析。趋势状态在于指明当前是否有趋势，市场价格正在朝哪个方向运动；区位高低是站在市场整体格局来看，市场价格处于什么样的位置区间；量能大小则说明市场价格运行过程的动力是否充足。换句话说就是，技术面分析的这三个层面正是回答了“你向哪里走？你站在哪儿？你能走多远？”的问题。

对于趋势状态，首要任务是理解市场运行趋势的核心内涵。从时间周期角度看，需要理解价格趋势在时间周期上的匹配性。对于不同的金融资产，对应不同的趋势展开，也对应了不同长短周期，即所谓长期趋势与短期趋势，如权益类资产（股票）的运行趋势大多长于商品类资产（期货）的运行趋势。即使同为大宗商品，因供需结构特征不同，各自品种的趋势时段也存在不同差异，如农产品市场趋势一般短于工业品趋势。特别值得关注的是，商品价格走势总是一波三折，常会遇到大趋势向上而小走势向下的场景，还会出现“胳膊拗不过大腿”的现象，小走势大都有回归大趋势的倾向。

在趋势展开的过程中，需要理解趋势运行与形态演变的关系，常见的众多 K 线形态组合体现出市场趋势发展过程阶段性路径选择的结果。根据现代几何学分形理论可知，同自然界的复杂形态一样，市场价格走势也可以被看作由一些基本形态通过多次重复构成的“分形结构”，体现了价格趋势发展的复杂性和变异性。

复杂性在于市场趋势运行过程中展示出形态组合的多样，如所谓矩形、三角形、旗形等，就好像一波大浪推进过程中所展现的众多无规则涟漪，如“一波三折、一波五折”等。

变异性在于价格趋势运行过程形态的分形结构受内外众多因素影响，造成趋势延续的形态组合产生了不确定的节奏变异，就好似交响乐曲主旋律会在一段华彩乐章中变奏。对于多数市场参与者来说，大多有过“看对了趋势却踩错了节奏”的赔钱经历，这也是“听不出”市场趋势延展中的节奏变化韵律所致。

知识卡片

分形理论

分形概念是美籍数学家曼德尔布洛特（Benoit B. Mandelbrot）1975年首先提出的，他独创性地采用新几何学的方式对自然界的各种形态进行研究和解释。分形理论的核心思想在于观察不规则几何形态的自相似性与标度不变性。前者指几何对象的任何一个局部放大后与其整体相似，而后者则指在观测标度发生变化时几何体的性质保持不变。分形理论本质上是一种新的世界观和方法论，即在混沌的表面下隐藏着某种秩序，如星系分布、渗流、金融市场的价格浮动等复杂对象，都可用全新的几何学来描述分析。一般情况下，可把分形看作大小碎片聚集的状态，是没有特征长度的图形和构造以及现象的总称。

大宗商品是典型的周期性品种，当其价格波动远离价值中枢时，市场多半会存在回归效应。因此，对于商品市场在大区间的行情走势，划分区位是有必要的（股票市场因其权益标的具有持续增值的可能，此类分析方式并不适宜）。价格区位高低是依据长期历史数据进行统计的，我们可将市场行情全局走势分为低位区间、中位区间、高位区间，通常来说，低位区间少持偏空观点，高位区间少持偏多观点。

市场价格区位有两个特征：其一，观察当前的市场价格处于长期历史轨迹的什么区位。当然，不能机械地看待问题，不能因为目前价格在历史低位，就认为价格处于低位区间，还需要对比基本面。例如，某些大宗商品（例如镍）的生产技术获得巨大提升，使其生产成本大幅下降，在需求没有重大改变的前提下，这种商品价格走势波动的中位区间也会下移，历史上低位区间对当前而言也算不上低位。

市场案例

长期走势中枢变化

如在农业技术持续提升下，美国大豆单产量在过去二十多年有明显提升，导致美国 CBOT 市场的大豆价格中枢逐年下移。再比如，铜业历史悠久，人类使用青铜器已有数千年。近百年，随着工业发展，受需求驱动，铜矿开采成本大幅提高，一方面矿山老化，铜矿品味逐年下降，许多富矿从 2% 降至不足 0.5%；另一方面探测挖掘新矿难度增加，全球发现大型铜矿不多。这就导致铜矿的开采成本增大，铜价的长期趋势中枢持续抬升（见图 4－2）。

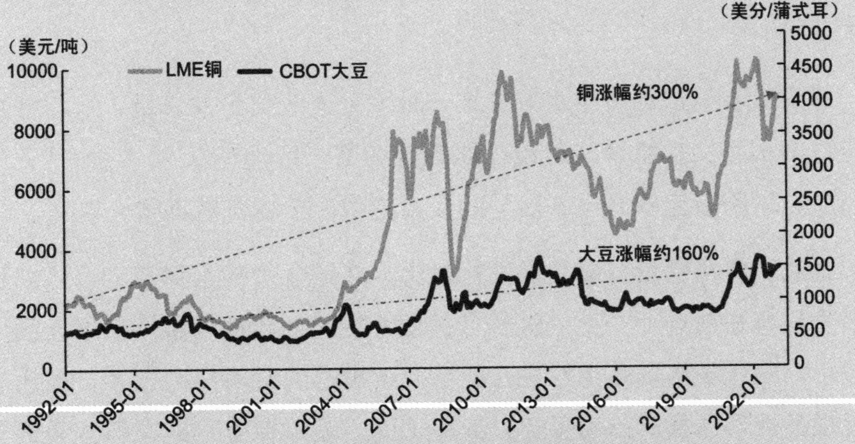

图 4－2 大豆与铜价格走势的长期中枢变化

其二，每次市场行情趋势都是有生命周期的。行情的波幅虽然有大小之分，但基本是符合统计规律的。大多数商品市场行情演绎的波幅都在某一大范围之内，特别大级别的市场趋势行情并不多见。一旦趋势波幅达到了历史的极值区间，则意味着该轮行情可能已经进入了生命周期的尾声阶段。需要注意的是，尾声阶段意味着趋势持续的时间将会受限，但是其产生的短期波幅未必会小，后期行情在巨大的多空量能交换过程中往往最具冲击力，此类场景被市场“老手”俗称为“最后的晚餐”。

量能关系是聚焦于市场资金运作变化的分析视角，这基于一个理念，即市场价格的波动主要来源于市场资金对当下市场场景评估持续“投票”的结果。资金流动是价格波动的能量来源，分析量能关系便是研究市场资金的偏好、流向和流速等。具体对商品市场来说，可关注市场运行过程中持仓与成交的变化关系，以及持仓与注册仓单的变化关系。

持仓量代表了市场多空双方在某一时段上建仓的头寸，即期货市场上的“未平仓合约”，可以理解为市场多空双方在某一时间和某一区位上投入的“兵力”，建仓头寸越多，代表多空在一战区上对峙兵力越多，说明双方对此区间越关注，一方一旦突破，市场趋势潜在的波幅就将随之变大。

成交量表示市场多空双方在某一时段上达成交易的总量，可以理解为多空双方相互交换能量的结果，即双方在某一区间的交火“兵力”，成交量越大，说明多空双方投入战斗的兵力越多，市场交易热度也越高。

因此，将持仓量与成交量进行对比，并结合价格走势波动，可以观察出多空双方在市场上“此消彼长”的强弱变化。若持仓量不断增大而成交量较小，则代表市场多空双方在战场持续投入的对峙兵力较多，但还没有大规模开战，这表示市场多空力量有一种“近似平衡”的态势。若成交量随之放大，就说明多空双方已经开始在战场上交手对攻，双方兵力也随之大量消耗，这意味着市场量能交换出现明显扩张，双方博弈进入一种“非平衡”的态势。当某一方能量在持续交火中逐步耗尽，而另一方增兵不断，并开始突破对峙的战线，则市场趋势往往就由此展开。这个从对峙到突破的过程可依据现代量子学的耗散结构理论得以印证。所以，采用成交量/持仓量之比，可以连续反映市场资金对峙、对攻及决胜的全过程。

技术面分析中，阻力线和支撑线等工具是用来观测多空对峙区位时段的，如果进一步把成交量/持仓量比值因素考虑进去，可更好地解读技术形态特征。例如，支撑区间经历了大量的持仓和成交，表明大量市场资金实打实交手出来的支撑线是较为坚实的。

不同于期货市场合约持仓量处于不断变化之中，在股市中，因流通股票总量在一段时期内是相对固定的，持仓量这一技术指标在股市里应用很少，股票市场中常见的“换手率”同期货市场成交量/持仓量之比有一定的相似之处。

商品市场的注册仓单也是量能分析的重点。商品空头持仓中，有一部分为现货商。现货商把符合交割标准的商品运至交易所指定的交割仓库，检验合格后货物持有人可办理生成标准注册仓单。

持有注册仓单的空头是市场中特殊的一族。对于很多市场参与者而言，止损意味着亏损，止损会让对手方力量增强。例如，对于多头而言，平多单等同于做空，就是增加了空头阵营的力量。而对于持有注册仓单的空头而言，亏损之后往往不会立即止损。说通俗一些，就是特别能扛浮亏。这部分空头不会轻易平仓，相当于不会轻易增加多头阵营的力量。所以，注册仓单实际上反映了“坚定空头”的体量。如果市场中持仓量在减小，注册仓单数量在增加，则说明“坚定空头”在总持仓中占比提高，市场价格走势也更倾向于下行。

期货市场的近月合约，通常是指距交割时段尚有一两个月的交易合约，其期货价格走势与注册仓单变化的互动关系更为紧密。采用注册仓单量/持仓量比值，可观察近月合约的量能。根据历史统计可得到注册仓单量/持仓量比值的变化区间，若比值过高，且期货价格高于现货价格，说明市场当前可用于交割的现货较多，近月合约价格走势回落的可能性也较大；若比值偏低，且期货价格还低于现货价格，说明当前市场可用于交割的现货不足，近月合约价格走势上升的概率也较大。

实际上，注册仓单的本质就是期货与现货虚实两个市场最终汇合归一的必经桥梁。注册仓单代表了近月合约交割时段期货虚仓逐日收敛转向实仓，注册仓单的多少体现了经过此桥梁载重量的大小，这也是期货市场套保对冲的根本所在，不然将无法实现“期现两讫”。注册仓单还促使市场不断推进商品交割制度的改进与完善。

对于商品专业研究员来说，理应全面了解交割制度中注册仓单形成的规则、流程和标准，以及注册仓单量的变动情况。投资者可利用注册仓单观察近月合约走势，解读远月合约的市场结构。另外，投资者更要关注交易所公告修改交割规则条款，因为该条款可能改变了市场游戏规则，引发市场多空力量对比的重大变化，从而导致市场走势的改变。例如，2020 年 3 月，CME 交易所更改了原油交割条件，结果给市场造成了巨大冲击。再如，国内某商品上市初期，现货市场并不缺货，但因交易所制定的可交割的注册仓单的标准过高，符合交割条件的现货不足，引起期货市场与现货市场在价格走势上大相径庭。

价量时空与耗散结构

技术面分析的应用工具五花八门，流派众多，在“价、量、时、空”

几个角度上，投资者可分项观测组合并用这些工具。在市场局部的探测基础上，投资者尽可能实现对市场某种看似全貌的拼图归纳。我们可借鉴现代量子物理学的耗散系统理论，观察市场能量耗散过程的外化表现，重新理解技术面分析的内涵价值。

价量时空的另一视角是观察不同运行周期走势。一般来说，资本市场的走势周K线可信度要高于日K线，日K线可信度要高于小时K线，这是因为长周期市场运行结构需要更多的能量聚集和释放，一旦形成既有走势就会形成持续作用力。好似一阵微风吹过，湖水涟漪很快就消失了，但是一场暴风雨来临，则能使湖水波涌浪进，且持续时间长。

市场案例

螺纹钢市场的耗散过程

通过观察商品市场螺纹钢期货的走势，会发现耗散系统可以解释技术面的分析过程。图4-3为某段时间的螺纹钢期货价格与持仓量的走势图。1号区域中，持仓量放大，价格有所抬升，但是并不明显，该时段是多头力量的蓄势状态，多头并未占据主导；2号区域表明多空双方实现了阶段性的力量平衡，价格虽然没有明显的方向性运动，但是多空双方却在不断地进行着能量耗散与交换，平静之下实则暗流涌动；3号区域中，多头在能量交换的过程中获胜，价格突破平衡态，开启了“远离平衡态”的趋势上涨，并且产生了正向的循环，引发更多资金加入多头阵营。

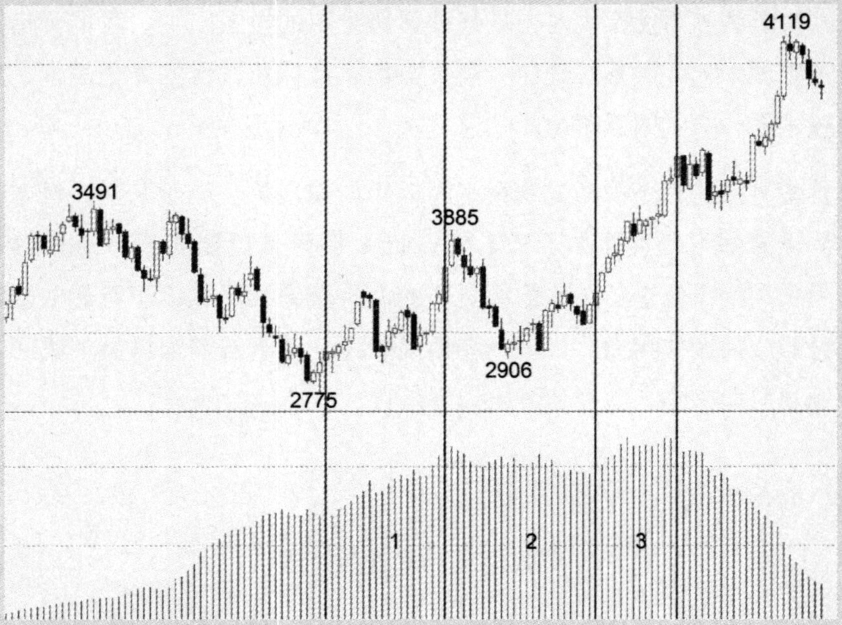

图 4-3 螺纹钢市场的耗散过程

从趋势发展的角度来看，螺纹钢在 1 号区域和 2 号区域都处于趋势并不明朗的状态。然而，正是在不明朗的阶段，完成了多空力量转化，即机会往往起于平静之中。然而，能量的变化并不是无迹可寻的。从量能的角度看，快速上升之后又出现高位稳定的持仓量，预示着多头力量只是暂时休息，并未消退。在 3 号区域中，价格与持仓齐飞，趋势与量能共振。

从价格区位的角度来看，螺纹钢经历下跌之后，处于低位区间，低位区间有利于多头发力。综合以上三方面的分析，可以看出，螺纹钢的上涨顺理成章，并不会经历太大的阻力。

范式与非范式类比

资本市场的走势价格结构主要是指市场的期限结构和比价结构，包括同一商品的不同期限比较关系，或不同商品之间的资产价格比较关系。前文已有对价格市场结构的内涵和认识方法进行了详细讨论，研究价格结构的市场变动规律具有很现实的指导意义。市场价格和价格结构的本质差异如同浮标、水流和河床的关系，价格如浮在水面的浮标，价格变动则代表水流，而基差、月差等比价结构就像水下的河床结构，河床结构影响着水流快慢，进而左右浮标价格。

在期货市场中，期限结构是常见的市场分析工具，具体可分为基差和月差。基差反映的是现货与期货的价差，月差则反映出期货近远月份合约价差，而期限结构的实质是反映市场对单一商品的价格预期按一定的时间序列展开的状况，而展开的状况也会随着市场价格走势的变化产生价差的变动，只是价差变动幅度相对较小。基差的意义在于它体现了期现风险套保对冲的观测价值。通过对基差变化的分析，我们能了解基差的背离和回归过程，能够更好地理解和把握期货合约在商品属性和金融属性之间此消彼长的切换关系。基差分析还有另一项重要内容，就是研究商品注册仓单成本在基差结构中的占比关系，当然，商品现货交割规则的改变也会影响价差结构。

市场案例

交割机制与基差变动

2016 年之前，铁矿石期货交割规则的品质升贴水使投资者持有期货比持有现货更为有利，最便利交割品是 PB 和卡粉等主流矿。而 2016

年之后，因为现货市场中的品质升贴水更高，最便利交割品变成了金布巴、卡拉拉精粉等非主流矿。换句话来说，通过基差分析，我们可找到期货定价的“锚地”，期货价格最终必然向“锚地”回归。如果交割近月期货合约价格距离“锚地”过远，而“锚地”选择确认无误，那么就会产生一个不错的套利机会。

商品月差可分为升水结构和贴水结构，月差的升贴水结构可能会产生一些无风险套利的机会，但随着市场运行有效性的提高，这类偏差较大的机会已不多见。

此外，月差升贴水结构的变动能够反映特定时段内市场资金偏好情绪的变化，从而使投资者更好地理解市场节奏。如商品月差显示为贴水状态，近月合约价格表现较强且基差和月差不断走阔，那么这是一轮牛市品种的行情特征，该行情走势在现货市场的提拉下具备坚实的中短期涨势推力；如商品月差显示为升水，远月合约价格表现较强但基差和月差不断缩窄，那么此轮行情走势一般是由期货预期所主导，该行情可能会面临预期偏差，从而出现调整。

商品间的比价结构实质是一种资产类比效应，这也是期货市场技术面分析的一种方法，即分析研究不同商品品种之间价差变化过程和偏差程度。一般，按照常见类型，比价结构可分为范式价差和非范式价差。

范式价差是指商品传统研究分析中那些相对固定的且公认的商品品种之间的价差，如油粕比、玉米淀粉比、螺矿比和金油比等，此类价差都是行业内多年形成的常用价差，其背后一般都有对应的相对固定的核心市场逻辑，例如，行业利润扩张或收缩逻辑、产业与通胀分化逻辑等。

市场案例

金银比变化的市场逻辑

黄金与白银作为贵金属的两个代表性品种，它们的市场价格具有较为明显的相关性。黄金作为“天然的货币”，具有极强的金融属性，持有黄金代表金融市场的流动资金的避险选择偏好。白银也是贵金属，也具有工业金属的商品属性。金银比价变化可反映出金融市场资金在中短期的风险偏好。

2020年初，新冠疫情使全球风险偏好降低，各国也相继实施货币宽松政策，更利多黄金，同时疫情对全球工业的沉重打击也使工业金属短期利空。3月下旬，金银比一度达到历史高位，银价相对偏低。随着全球经济从深坑缓慢爬出，白银价格迅速上行，截至2020年8月中旬，金银比已经从110以上回落至70以下的相对低位（见图4－4）。

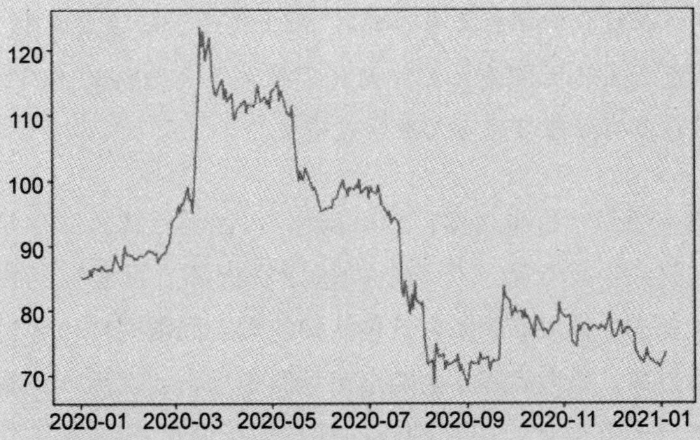

图4－4 2020年1月至2021年1月金银比价

非范式价差指的是某些看上去没有必然关联性的不同资产之间的价差。通过分析研究找出此类价差隐含的关联性变化，这在实际研究分析中具有较强的指导意义。非范式价差就如同“鸡叫天明”现象。虽然公鸡与太阳之间并没有必然的因果关系，但从直观角度看这一状态具有稳定性和持续性。也就是说，多数数理统计结果显示两者之间存在某种现象级的较强相关联系，便可以认同这一关联性。在互联网市场运营中，通过大量数据统计分析，得到消费者的购物相关偏好，并向消费者精准地进行“靶向推送广告”，这便是互联网的关联性思维原则。

知识卡片

休谟的“恒常连结”论点

英国哲学家休谟在《人类理解论》所述：我们无从得知因果之间关系，只能得知某些事物总是会连结在一起，而这些事物在过去的经验里又是从不曾分开过的。我们并不能看透连结这些事物背后的理性为何，只能观察到这些事物的本身，并且发现这些事物总是透过一种经常的连结而被我们在想象中归类。“恒常连结”的论点阐明了人们之所以相信事物间的因果关系并非因为因果关系是自然的本质，而是因为人们所养成的心理习惯和人性特点造成的。

正如古人所言“百事之变，无不耦也”，世间万物大都存在着某些隐性关联，只是人们喜欢用“应该”的确定性代替“可能”的模糊性，习惯以因果关系去佐证关联关系。这种认知的偏差局限同样也体现在对金融市场的分析方面，研究者应学会跳出市场看市场，尝试用一些看似没有太大关联的资产展开类比，以某种新的视角印证两个不同类别资产的市场状态。

市场案例

美国犯罪率与通货膨胀的高度吻合

通常来说，犯罪率与通货膨胀很少会被联系在一起，但是，有学者研究指出，美国的犯罪率与通货膨胀指数走势十分吻合。将看似毫无关联的两个指标放在一起去看，我们可能会发现非常有意思的结果，这种非范式的发现通常更有意义。例如，犯罪率与通货膨胀之间较高的吻合性，就证实了人们特别是低收入群体在物价上涨时的痛苦度会上升，进而加大其走向犯罪的可能性。这就为政府政策锚定通货膨胀指标提供了全新的依据（见图 4－5）。

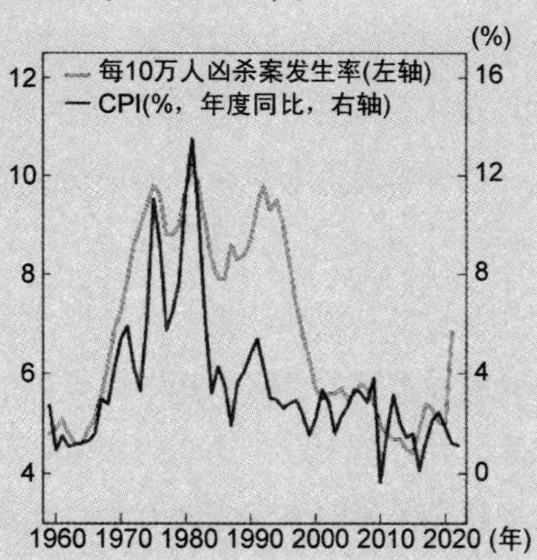

图 4－5　美国犯罪率与通货膨胀

在对价差统计、价差结构、价格指标和相关的其他指标进行深入研究之后，M 模块可以帮助投资者找到安全边际，或者可以为投资者提供一种类比效应，以帮助投资者评估市场未来运行的时间和空间，最终帮助投资者更好地把握市场节奏。

察言观色，管中窥豹

舆情分析指的是将市场状况与基本面预判结合进行比较，发现某些同步或不同步的情景，并了解市场传播的某些舆情，通过与市场相关参与者开展的调研甄别、交流咨询等方式，掌握舆情传播下的市场偏好变化。

舆情分析可帮助投资者进一步提高对市场基本面的认知。其一，具有针对性的“草根调研”有可能挖掘出公开信息所不能体现的数据，并可及时了解商品产业方面正在发生的某些潜在变化。其二，聆听来自市场不同的声音，有可能了解不同层面的参与者如何看待市场，也有可能通过相互交流得到一些自身尚未意识到的市场风险因素，还有可能受他人观点的启示，甚至可能发现市场逻辑的瑕疵，完善并加强自身的市场判断。其三，通过交流，投资者可以直接感受市场参与者的情绪偏好、市场热度、趋势动力等。

随着国内市场的日益规范和成熟，基本面分析作为一种不可替代的市场分析工具，越来越受到投资者的青睐。基本面分析市场的最终途径是挖掘市场真实的核心因素，并分析大众对这些因素的认知，从而得出市场真实的基本面。大部分人获得信息的渠道相对有限，很难有较全面的信息来源，所以交流是不可或缺的。同样的信息，从不同角度解读，就会得出不同的结论，且各种结论都可能自圆其说，因此，市场对投资者把握核心因素的能力要求很高。同时，核心因素也是风险因素考量，关注市场舆情，不仅可以完善投资者对基本面的认知，还可以帮助其了解风险程度。

对基本面的认识，在一定程度上取决于公开信息，一个供求报告、一条消息、一项政策都会在一定程度上影响投资者的交易心理。公开信息形成了市场所看到的“明牌”，但投资者需要剖析不同参与者如何看待这张牌，以及如何打这张牌。

借助市场传播状况分析，舆情分析可验证与修正利用公开信息建立的基本面研究。因此，专业的基本面分析是投资者自身去感知与判断所投行业是否存在矛盾的基础能力，合理的舆情分析与市场调研可以很好地提升投资者研究的深度、精度与应变度。

舆情分析类似于“一手调研”，如信息搜集、电话采访、“草根调研”。舆情分析大多是针对某一类相关信息展开调研的，借用样本抽检的专业方法，投资者可对市场舆情信息进行收集、甄别、归纳和提炼，去粗取精、去伪存真、分析综合等加工。投资者对不同途径得来的数据以及信息可进行分析对比，再判断哪些是准确的、可靠的、具有时空代表性的，哪些是夸大的、不符合实际情况的。通过对原始信息的分析和论证，投资者可判断其是否正确，以期得到比较切合实际的结论。

舆情分析中有关的实地样本调研，可较为真实地反映商品市场当下的面目，同时，我们可将舆情分析与市场广泛且公开的数据和信息进行对比，以便判断出基本面信息的可靠程度。

舆情分析工作看似简单，但要取得良好的效果，也应提前做好功课，准备一套有的放矢的沟通方法。首先是“问什么”。这时，投资者需要清晰明白自己想要了解什么，调研提纲与问题设计应如何准备。一份准备充分的调研提纲与问题目录会给实际调研效果带来很大帮助，避免实操过程中出现“该问什么、问到哪了、还要问什么”的疑问。

其次是“找谁问”。投资者应根据访谈目的对调研对象进行严格筛选，这不仅会影响样本的有效性，还会考验投资者自身的资源积累情况。舆情调研需要投资者对市场保持很好的敏感度，把握行情不同阶段的矛盾，制订合理的调研计划，并在此基础上选择合适的调研对象，只有这样，才能达到有的放矢。

最后是“如何问”。问题导向是调研的主要方式，实事求是是开展调研的基本要求。调研中应避免暗示性的语言与主观色彩，同时还需投资者具备“察言观色”的专业能力，可从调研交谈过程的语调和语气等细微变化及时捕捉到隐晦却重要的信息。

舆情分析属于小样本抽样调查，具备较强的直观性、便利性与时效性，能够增加另一个角度去验证商品市场的基本面状况、参与者的情绪心态以及市场的冷热度。对于基本面数据不完善的商品行业，或商品供需矛盾模糊的阶段，市场舆情分析可帮助投资者更好地理解和预判市场的行情走势。

市场案例

市场调研对生猪行情判断的影响

关于2020年“猪周期”下行的判断，主流观点是：猪价将会快速下跌，边际降速与最终均衡点会重复过往周期的运行逻辑。但通过有针对性的市场调研，我们发现“高猪价—产能增长—出栏量增长—猪肉增多”的线性增长逻辑在本轮“猪周期”有所失效。因饲养管理水平和生物安全防控能力有差异，各猪场之间成本差异逐渐拉大并收敛缓慢，行业平均成本也出现抬升并下移缓慢，最终导致养猪中枢成本与可得收益之间的传导链条出现部分失真和偏差，行业景气周期被拉长，使2020年生猪均价全年延续宽峰的价格走势，2月、7月和12月分别创下年内三个高点，强势走势贯穿全年（见图4-6）。

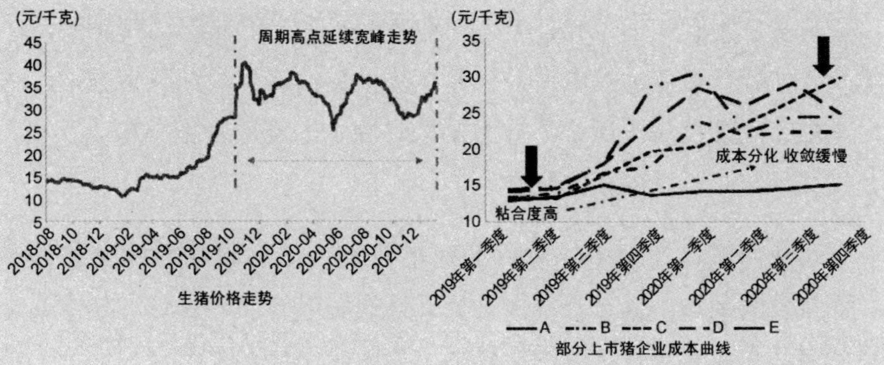

图 4－6　2020 年猪周期高点呈现宽峰走势

舆情分析中可能遇见一些反常现象。当一段上涨趋势行情形成之后，如果市场中看空的声音比较多，那么这轮上涨行情可能还会继续；相反，如果市场中呈现一边倒式的看多观点，这轮上涨行情趋势可能就要结束了。这正是市场“老手”们常说的“多头不死，空头不止”状况。

需要指出的是，舆情分析同样存在一定的不足。舆情分析仅针对特定的群体以及相关信息，所选取的样本较小，局限性较大。首先，舆情分析调研难以覆盖全局，具有不少盲区；其次，调研对象选择的合理性会影响市场舆情了解的偏差度。因为不同层次的市场参与者有不同的市场解读方式和结论，所以，参与者需要对舆情分析的相关内容进行必要的过滤，并验证其代表性与合理性，最终结合市场基本面与技术面把握市场走势和节奏。

知其然，更要知其所以然

技术面分析的实质是借用各类分析工具观察市场群体行为，并以相关技术指标组合构建出某些市场典型状态下的识别模式（如趋势类、区位类和动能类等众多技术面分析工具），并利用可能性较大的结构模式进行走势识别、比较和过滤。技术面分析有其不可替代的专长，其更多的作用是在纷杂的市场变化中“听懂”市场阶段性独特的旋律，把握市场节奏，而不是过多地用于市场的预判和推论。

在市场研究过程中不仅需弄懂技术面分析工具的数理依据和场景特征，而且还需要理解众多技术面分析工具的局限与使用盲区。技术面分析工具的盲区主要体现在工具的边界性、滞后性和异化性。

一是边界性。很多技术工具只是针对某一时空阶段设立的，一旦市场超出其技术工具定义的范围，失真就在所难免，所以须较全面地认识不同技术工具的应用“能力圈”，不然将会出现“郑人买履”的僵愚做法。

二是滞后性。主要体现在技术工具大多是由市场运行的原始轨迹，即 K 线图走势派生出来的，是以某一数理的特别指标过滤出市场走势 K 线的变动函数曲线。其结果往往滞后于真实市场的价格走势，造成多数技术指标与市场走势形成不同步的状况。当然，滞后指标也有其有利的一面，它可帮助过滤掉市场运行的一些杂波扰动。

三是异化性。因多数技术工具都是设立在市场线性变化基础上的“衍生品”，当市场价格走势出现非线性的剧烈变化时，这类技术工具因无法跟上市场变动的快速步伐，可能会导致技术变形和异化失真，表现在技术指标上便是出现在某一时空阶段上的严重钝化，如此也就无法透过技术工具观测此时的真实市场。

这一系列问题本身就是技术面分析工具的先天性不足问题，使用者在使用前须充分认识和理解这点，知晓技术面分析的优劣之处，尽可能降低“知其然而不知其所以然”的认知风险，避免造成“玩刀人反被刀伤”的不幸情况，这也正是“新手”与“老手”在应用技术面分析时表现出的实操技能差异。

本章结语

- 期货不等于现货，期货具有其独特定价规则。基本面研究不是万能的，需要从价格走势反应中寻找隐性动力，才可能补偿基本面研究短板。

- 价格行情是市场的无声自白，不仅表达了市场对基本面的预期，还反映了市场情绪状态。读懂这门“哑语”是需要借助技术面分析的。

- CME 研究体系中的技术面分析聚焦于市场的趋势、区位和量能三个层面，也回答了投资交易三大问题：“向哪儿走？站在哪儿？能走多远?”

- 市场趋势可以被看作由多个基本形态多次叠加的“分形结构”，包含了市场走势“一波三折”的复杂性和变异性。

- 市场趋势也是存在生命周期的，其未来潜在的发展空间在很大程度上取决于市场资金兵力博弈的量能转换。

- “鸡叫天明”是一种现象级的高相关性，许多时候我们并不能看透连结事物背后的关联逻辑，但能发现这些事物往往会被某种隐性耦合所归类。

- 市场舆情咨询优势在于便利性与直接性，运用恰当，可达到“管中窥豹”的观察效果，但劣势在于小样本选择的有效性可能不合理。

第五章
预期偏差（E 模块）

世异则事异，事异则备异。

——（战国）韩非，《韩非子·五蠹》

CME 研究体系中的 C 模块与 M 模块，分别代表了基本面分析与技术面分析两种不同视角。事实上，这两种分析在传统研究体系中已被广泛应用。CME 研究体系在传统研究分析基础上，重点关注基本面研究与市场研究的互动关系，由此提炼和派生出改进式的研究视角，即预期偏差 E 模块，并以情景研析（C）、市场反应（M）和预期偏差（E）三大模块化搭建出 CME 研究的整体架构。E 模块重点在于研究 C 模块与 M 模块的互动性，即将交易相关联的思考模式嵌入研究分析框架之中，让研究工作不断贴近投资和交易需要，也不断贴近市场（见图 5－1）。

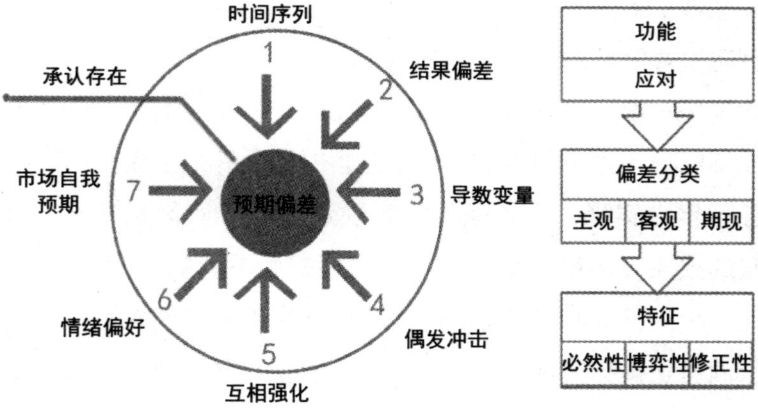

图 5－1　E 模块的基本框架

传统研究分析中有的把基本面研究做得非常精细，却轻慢市场的检验过程，难免有闭门造车之嫌；有的执着于市场信息的解读与跟踪，却忽视标的资产自身基本面状况的变化，导致研究分析过于机械化。事实上，这两种情况的问题在于过于假定一种视角的“正确性”，而试图消除不同视角间存在的认知偏差。然而，C 模块与 M 模块之间的结构偏差是天然存在的，需要我们在市场研究过程中予以承认和正视。创立 E 模块是为了更加重视并且深入研究这类偏差，进而找到应对并利用这种偏差的途径。E 模块是研究体系的进阶思维体现，让传统研究分析得以传承和提升，给整个体系赋予一种不断演绎和迭代的包容特质。

动态时空“预期观”

预期偏差是E模块的核心概念，它包含预期和偏差两层含义。其中，预期是研究的核心内容，基于对市场空间和时间的延展评判两个部分的构成情况；偏差则是研究的核心方法，要义在于及时发现并动态优化未来与现实两者间的预期背离。

市场预期，首先离不开对市场价格空间的前瞻性想象，也就是预期价格会涨到哪里或跌到哪里。例如，A股市场多次出现“万点大牛市”论调，就体现了一部分市场人士对A股市场上方空间的巨大想象。但是，完整的预期不能只包含空间想象，还应包含时间展开的因素。“万点大牛市”不可能在一年内实现，至于是五年实现还是十年实现是存在分歧的。所以，完整的预期应将对空间期望合理地划归到不同的时间序列的周期中，为了构建一个完整的时空“预期观”，需要将不同时间轴线上的各种核心因素进行动态化排列组合，这一过程不仅要考虑核心因素生灭的时间，而且需要考虑市场对其反应的提前或滞后效应。

预期判断，只是研究工作的起点，因为在市场中，预期与现实之间的偏差是难以避免的，市场不仅对价格未来走势的评判存在分歧，而且支撑当下交易的时间周期也是不同的（所谓“短空长多”，就是包含时空同期的观点），这就需要运用偏差的观察方法去比对发现和动态调整所做的预期。换句话说，正视市场偏差是理解CME研究体系的要件，尽管造成市场偏差的原因看似错综复杂，但归纳起来主要有三个部分：主观偏差、客观偏差和期现偏差。

解构预期偏差

人们对市场价格走势的判断存在一个从观测到实践的过程。市场参与者通过对市场情况的观测，会给出各自的市场判断，并据此进行相应的市场操作，市场所有参与者的操作最终会被叠加在一起，共同构成了整体的市场预期，体现为市场价格走势的变化。然而，任何观测都存在主观看法，导致观测结果与实际情况存在一定的差异，这种差异就构成了市场的预期偏差。

在“观测－实践”的市场过程中，存在着三个方面的主体：市场参与者个体、市场参与者群体以及市场自身，其中每两个主体之间的观测过程均有可能存在偏差。市场个体的观测与市场群体观测引起的偏差具有较大的主观性，我们将其描述为“主观偏差”；而市场群体的观测与市场实际情况不匹配造成的偏差则称为“客观偏差”。在研究与交易的过程中，我们一方面需要通过对市场的观测，减少主观偏差扰动，以取得市场的平均收益（即所谓 β 收益率）；另一方面更应该重视客观偏差的存在，只有在对市场多视角的观测中建立对客观偏差的认知，才可能获取超额收益（即所谓 α 收益率）。

这类市场研究的观测过程与现代统计学的研究模型有异曲同工的妙处。对市场的每一次观测，都类似于在统计学中通过一定的样本量对总体进行了一次模型拟合，而预期偏差的本质就是在此拟合过程中会出现不精确性。因为“主观偏差”在观测小样本和市场大样本之间的结构不同，所以有以偏概全的主观差异，统计学称之为“代表性偏差”。例如，常见的典型市场现象——近因效应，即人们经常会放大市场近期发生因素的作用。市场参与者受自身心理强暗示所限，会倾向于选择较近时段的市场因素进行分析预判，这就导致市场研究往往难以具有更为广泛的有效性，不够理智的“追涨杀跌”等状况也就时有发生。

市场案例

“明星基金”的起与落

2019—2020 年 A 股牛市行情为权益类公募基金市场带来了空前繁荣，不少基金在短期内取得了相当高的收益，其示范效应也引领了众多新生代“基民”跑步入市，一时间“公基”浪潮成为风尚。同时，互联网自媒体也推波助澜，用网络特有的营销模式打造出明星基金和明星基金经理，受到大批新“基粉”们的集体追捧。但是，不少基金购买者以网购心态来购买基金，并未对相关基金以及金融市场进行深入了解和分析，更多的是以净值收益表现作为主要的判断依据，将基金近期表现等同于未来长期表现，选取近期涨幅较大的基金未加思索地买入。2021 年 2 月，A 股发生较大回调，导致追高买入前期强势溢价基金的基民损失不小。

“客观偏差”是基于过去市场总体的拟合模型与未来市场样本实际发生值的差异。统计学中常以“平方和”方式将拟合误差分为两个部分，其一是可以通过模型解释的部分，也就是模型中的可控因素，表现为统计模型的“回归平方和”；其二则是不能通过模型解释的剩余部分，表现为“残差平方和”。在统计学研究中，需通过更加高阶模式深入理解并拟合此类偏差的构成。金融市场研究也是同理，市场主体与客体中必然存在不匹配的差异，需要通过更为高阶的视角来观察这类差异，借用预期偏差的评判与修正来分析市场主客体的运行偏差，了解市场运行的主要驱动逻辑，进而做出合理应对。

知识卡片

统计学中偏差构成

统计学里，一般用平方和来描述两组变量之间的偏差。英国数学家罗纳德·费希尔发明的方差分析是统计学中两组变量间方差的分析方法，把数据序列之间的偏差归因于两个类别，一个是不可控的随机因素，另一个是研究中施加对结果形成影响的可控因素。对一组数据进行模型拟合时，一般通过序列中每一项的拟合值与实际值之差的平方和（即总离差平方和）对模型拟合的有效程度进行判断。该模型对被解释变量的估计值与其平均值之差的平方和称为回归平方和，用来代表模型对统计样本的拟合程度，即研究中的可控因素；被解释变量的估计值与其实际观测值之差的平方和称为残差平方和，代表统计模型未能通过拟合解释的部分，即研究不可控的随机因素。事实上，类似主观规律性因素与客观随机性波动的拆分已在金融学中得到了相当广泛的应用。

预期偏差对市场价格的影响因素具有上下两个方向，作为预期偏差的组成部分，主观偏差与客观偏差同样具有上下两个方向。当主观偏差与客观偏差方向相反时，体现为主观偏差与客观偏差的相互抵消，此时预期偏差影响将会减弱；而当主观偏差与客观偏差方向一致时，体现为主观偏差与客观偏差的共振，这时的预期偏差往往会给市场带来很大的影响，许多重大的行情就发源于此。

现实与预期“升贴水”

实际上，金融市场的效能就是在时间和空间两大方面对资产进行跨期及跨域配置、融通，在此运行过程中，时空之间总是存在某种不确定性偏差，即现实与预期之间的偏差。

狭义而言，“现实－预期偏差”体现在商品市场中就是当下与未来商品价格的不一致，即通常所述的商品期限价格结构。从期现对比来看，现货可理解为百分之百现实的显示体，期货则代表了现实与预期交融的混合体，且随着期货合约由近月向远月推移，预期成分在价格驱动中占的比重也逐次增大。观测这种虚实张弛力度演变（即升贴水变动）也是研究商品市场的一个重要视角，作为现实与预期偏差的量化研究方式，通过分析现货与期货的价格基差、期货近远月合约之间的价差，挖掘出基差或价差在边际变化状况下对市场价格走势影响的进程和范围。由此来说，期现基差与价差同样展示出一种预期偏差形式（见图5－2）。

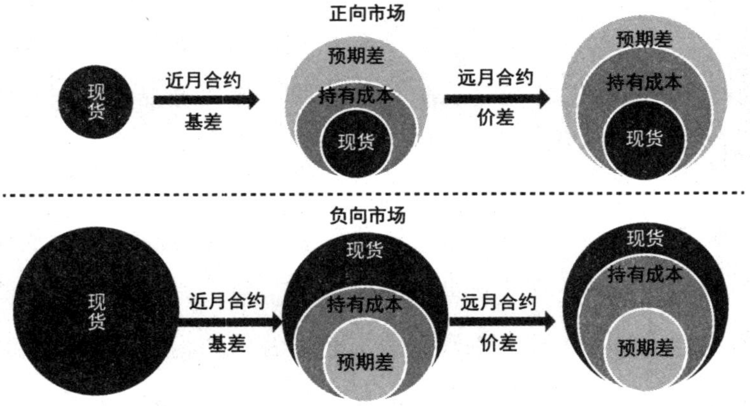

图5－2　预期偏差下的市场期限结构

市场案例

国内期货市场的“一五九”合约现象

观察国内商品市场价差变动，需要特别关注一点，就是所谓“一五九”合约现象。尽管期货市场品种合约基本是按照连续月份设置的，但市场交易选择大多落在一月、五月和九月几个主力合约上，造成市场合约价差时间跨度过大，期间所形成的升贴水隐藏了过多的不确定变量，导致品种基差和价差的研究和实操难度加大。而境外相对成熟商品市场的主力合约基本都是靠近现货月份，更利于对冲套保和节省成本。

境外商品市场大多是从现货逐步衍生出期货的，但国内商品市场最初起始于期货模式，并逐步转向同现货对接。为减少同现货市场的频繁交割，市场长期形成了少数几个主力合约的惯性交易模式。这种国内特色的商品市场行为是源于国内期货市场生存与发展的路径选择依赖。

然而，这种期现价差在市场时空跨度上过大，导致套保业务不确定性的隐性成本加大，不利于期货市场风险对冲功能的有效发挥。可喜的是，近年来国内各大交易所正在大力改变这一市场实操误区。

从广义来看，现实与预期的偏差在资本市场中是普遍存在的。随着交易投资市场逐渐成熟，市场参与者关注的对象往往既是现实的“明牌”，又是从更高阶的维度对未来的预期进行观测和交易，例如，股票与债券市场一种重要的估值方式就是对未来现金流预期的折现。因此，金融市场常会出现实际价格走势与中短期基本面发生背离的情况。俗话说，“理想很丰满，现实很骨感”，但即使“现实”真的“很骨感”，“丰满”的预期仍然可能给市场带来某一阶段膨胀的行情走势。

另外，现实与预期的偏差对价格的波动具有放大效应。在市场普遍关注预期的交易模式下，现实与预期的偏差对价格走势的影响将愈发显著。因为比起基本面本身的变化，现实与预期的偏差时常能够带来更深层次的心理影响，正所谓“希望越大，失望越大”。对于很多市场参与者而言，这样的心理影响叠加在一起，就会对市场价格产生很大的影响。这就是为什么我们能够看到，当现实超出预期或者不及预期的时候，即使只出现一点很小的偏差，都会给市场价格带来剧烈波动的“边际效应”。

从偏差的本质来看，现实与预期的偏差体现了市场真实存在的力量与市场预期力量之间的博弈过程。由于资产价格中存在代表现实与预期的两种因素，它们在实际价格的走势中呈现相互角力、此消彼长的态势。当未来预期距离当前时点的时间较长，或预期的确定性不够强时，市场价格中的现实因素多半会占据主导地位；随着预期事件发生的时间逐渐接近，预期事件的确定性越来越强，这时预期因素就会逐渐与现实因素产生对抗，甚至超越现实成为主导市场的新生核心因素。这类博弈过程还可以通过期限价格结构变化表现出来。

在具体实践过程中还可从多个视角去观察和解读预期偏差，如时间序列、结果偏差、导数数量、因素驱动、相互强化、突发因素等，由此构建出预期偏差（E 模块）。

以揆百事，莫不时序

西方哲学中有关于量变与质变的辩证论述，即量变是质变的必要准备，质变是量变的必然结果。荀子有言：“骐骥一跃，不能十步；驽马十驾，功在不舍。”东西方哲理无不说明一点：事物的发展需要持续酝酿的过程，而过程则需要依靠时间来延伸，时间是运动存在的尺度。“以揆百事，莫不时序”，时间序列理念对于研究和投资市场来说是至关重要的。随着时间序列的展开，市场逻辑也会有所变化，对市场逻辑的预期偏差将在若干重要时间节点上不断得到印证，所以预期偏差的动态变动需要在时间序列中展开跟踪。

在市场上常听到一句话——“做时间的朋友”，近年来股票市场提倡价值投资，持有核心资产的实质就是考察龙头企业具有能够持续创造内在价值的能力，长期投资企业是需要有一些信仰、坚守和运气的，只有以时间展开来换取超额投资收益，交易者才可能穿越时间河流，获取收益。但多数交易者常喜好暴涨与跳跃的行情，在衍生品市场更是如此，这是因为交易者觉得感受激流冲浪远比顺水载舟更易“心动”。随着时间缓慢展开的市场在多数时段都处于震荡行情中，需要耐心去观测市场预期偏差的累积与验证，在震荡中寻找突破，并把握住迭代强化的持续性趋势。“时势”创造的行情远高于“地利”形成的收益，看 2010—2020 年腾讯股价走势和 2020 年的玉米行情，就能证实这点。

预期偏差在时间序列的“河流”中可用两种展示模式来观测，即基数迭加与序数迭代。基数迭加，表示在商品或股票市场的核心因素驱动将随时间展开，从无到有且同类迭加，基本面也在不断消化当前资产估值，同时给出新的预期，市场呈现出趋势加强的状态。序数迭代则是指市场的新旧核心偏差驱动在时间展开过程中生成并更替，如接力赛般推动市场行情走势沿着大方向长期递进。

如何更好地把握预期偏差的时间序列特征，需要投资者从深度、广度与应变度等方面深挖基本面研究信息，跟踪基本面与技术面互动关系的变化，从而识别各个时段市场走势的关键节点。这是非常考验研究人员和投资者对市场趋势及节奏的把握能力的，正所谓“守得住，跟得住，拿得住”，耐得住寂寞，方可守得住繁华。

市场案例

预期偏差的基数迭加与序数迭代

基数迭加即市场核心因素不断强化的过程。2018—2019 年国内生猪市场受非洲猪瘟疫情影响，由北到南开始基础产能去化，先是 2018

年第三季度东北产能减少了约30%，随后2019年上半年南方产能又减少了约40%，全国生猪供给紧缺程度不断累积，导致猪价一路由11元/千克上涨至42元/千克，上涨了280%。因此，猪价上涨的驱动逻辑随着时间展开，能繁母猪存栏环比持续下降，不断产生预期偏差，并持续加强此反馈。专业研究的关键在于预判猪肉供应紧缺程度状态的边际变化（见图5-3）。

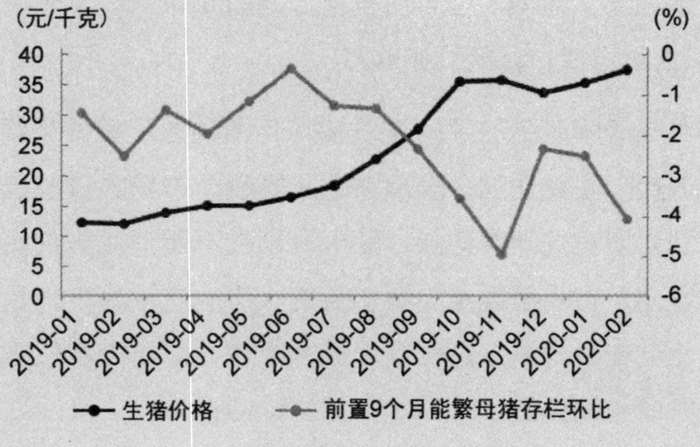

图5-3　2019年供给持续收缩推动猪价加速上涨

序数迭代指驱动市场行情的核心因素在不断切换。如2020年国内玉米行情一路上涨，年初临储库存日渐紧张奠定了"慢牛"走势的格局，随后养殖饲料需求复苏更促成了紧平衡状态的形成，第三季度台风造成玉米减产预期，"钱多货少"热潮致拍卖溢价进一步助涨市场走势。年底冬季国内新冠疫情防控再次收严，增加了运输物流的不确定性和成本，导致现货市场提前备货抬升市场价格。因此，玉米是多个因素接连驱动下走出的年度"大牛"行情，研究的关键在于识别不同时段主要驱动力如何切换（见图5-4）。

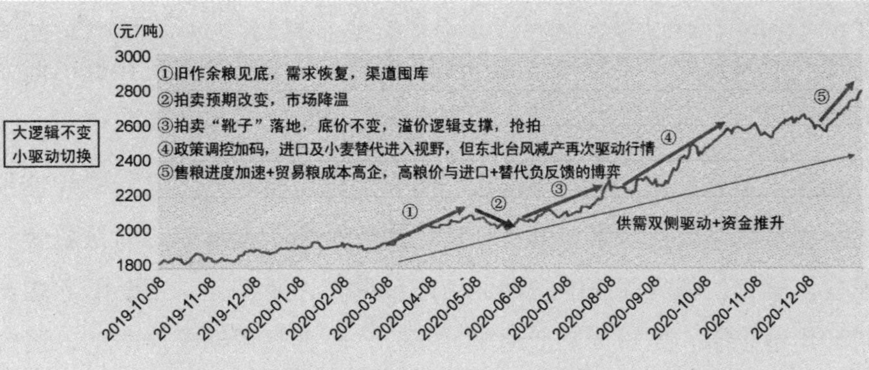

图 5－4 多个因素连续驱动玉米走出年度“大牛”市

结果为锚，预期为桅

预期偏差包含了市场现实结果与预期估量的比较，期间对错和偏颇是存在的，这就导致了结果出现偏差。

如果要预测未来的情况，多数机构大概率会长期跟踪商品供需或企业经营情况，基于相对合理的数据与逻辑框架去预测商品或者股票在未来某一时段的市场目标价格，如主流机构对同一商品基本面或公司业绩预测的平均值汇总可形成所谓的“一致预期”，代表了市场的基本观点。

然而，商品市场与企业经营的实际变化情况并非如假设模型推导的那样。设想一下，如果参数指标与实际情况不匹配，众多机构的一致预期就不是准确的结论，但其会形成某一阶段的“参考之锚”，由此就会出现结果与预期之间偏差。这种“结果偏差”又分为超预期、低于预期和符合预期。超预期和低预期这两种偏差对市场中短期趋势产生的冲击力比较大。

下面以权益市场为例来重点解读超预期偏差。股市上所谓“净利润断层”就是典型的超预期表现，这是指上市企业公告的业绩增幅超出市场的一致预期，股价在市场抢筹驱动下导致跳空缺口，其中包含了两层意思：一是净利润超预期；二是股价高开形成断层。在个股基本面和技术面充分了解的前提下，有经验的投资人会制定净利润断层买入方法。

如何理解超预期的特征与内涵，需有“见人所未见之说”的综合预判能力，可从以下几点考察：第一，真正的超预期不是量变，而是质变引起的量变。第二，仅凭简单的短期业绩超预期去评断偏差，容易陷入增长率陷阱和价值陷阱，如短周期变动等。第三，数据超预期是显性的，逻辑验证的超预期则是隐性的，决定市场中长期发展趋势往往是那类隐性因素。常言道要“顺势而为”，其中的“势”的延续是依托其内在驱动的。第四，数据超预期背后的持续增强逻辑才是投资人需要寻找的超预期，说明市场还未充分取得定价，持仓下去仍可享受不错的收益。

如果出现未达预期的市场状况，投资者也需多角度分析并深掘数据背后逻辑变动的可能性。

市场案例

超预期偏差

某半导体上市公司：净利润断层与逻辑加强

2020年第三季度，上市公司的营收和利润均略超出市场预期，此时，公司对国内手机安卓客户做到了全覆盖，进入国产旗舰机供应链中。同时，公司进入新能源汽车智能化领域。新能源汽车智能化趋势向好，将成为仅次于手机的第二大CMOS传感器应用领域，关键是国产替代逻辑得到验证，使公司长期业绩成长有了保障（见图5－5）。

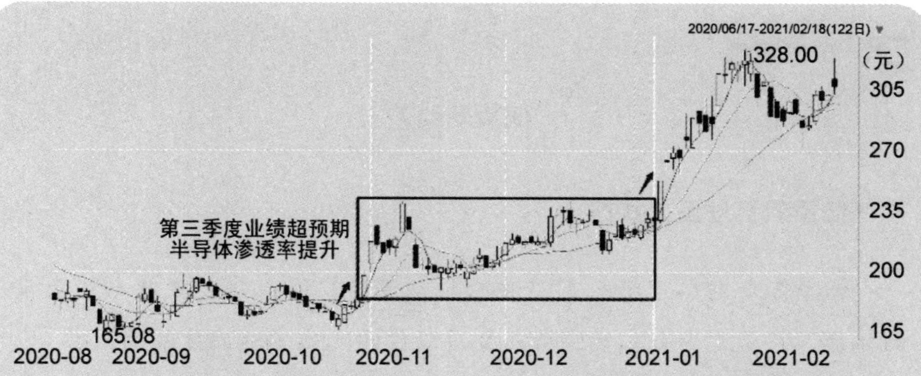

图 5－5　净利润断层：强化国产半导体企业替代逻辑

某生猪养殖企业：净利润断层与逻辑未加强

周期行业标的是周期股还是成长股，取决于周期下行过程中，该公司能否通过规模放量与成本管控，实现业绩平稳增长。2019 年猪价暴涨，并叠加行业集中度提升的预期驱动，该公司股价行情翻了两番。进入 2020 年，尽管公司业绩也很靓丽，但无法证明能通过规模放量与成本管控实现穿越猪周期，其周期属性明显大于成长属性，所以公司股价也未再次走出趋势行情（见图 5－6）。

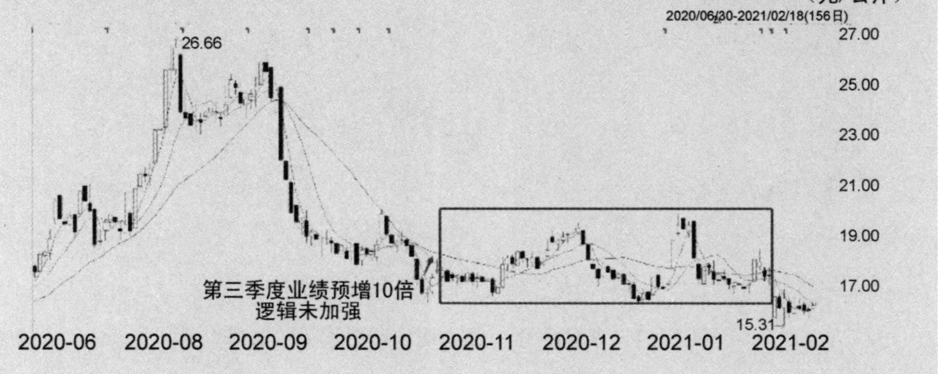

图 5－6　净利润断层：预期猪价进入下行周期

市场案例

低预期偏差

低预期引发反向状态

低预期会削弱市场既有趋势的驱动逻辑，还会导致投资人对未来的担忧，甚至是过分担忧，从而公司股价表现出了非理性暴跌。

例如，谷歌2012年第三季度业绩不错，其核心业务第三季度的毛营收高达141亿美元，但确实略低于市场预期142亿美元；谷歌核心业务整体业绩只是略低于市场的一致预期。

虽然业绩仅比市场预期略低0.8%，但谷歌股价隔日大跌8.01%，接下来又导致其股价下跌持续了6周，累计跌幅高达近15%。由此可知，即便在美股成熟市场，此类市场偏差冲击也无法规避（见图5－7）。

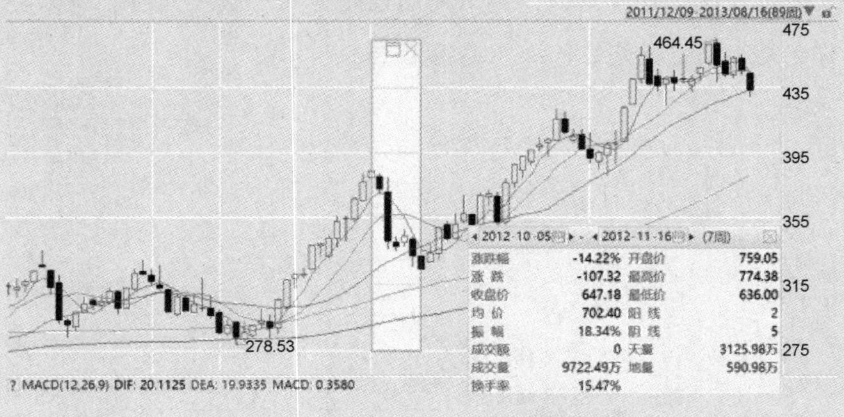

图5－7　谷歌业绩小幅未达预期引发股价大跌

试登台而极目

人们看待事物的认知方式是存在差异的，在金融市场中，交易投资者的收益率高低，本质上说就是对市场认知各自差异的变现水平的体现。长期来看，参与者是很难挣到超出自己对市场认知水平的那部分钱的，如想改善交易投资水平，就要提高自身认知能力，不仅需拓展市场认知信息圈，还应学会以高层面眼界去梳理已有的认知状态，建立起自身的研投体系与思维方式。专业研投者应站在更高维度上评估市场变化，市场认知需要拓宽视角资讯，但当前市场上众多信息大都处在同一平面上，就像当你身在大楼第一层，即便熟悉此层所有房间的状况，你也只是停留在一楼，你必须尝试寻找上楼的楼梯，并努力站在高楼层去观看下面的场景，才可能到达第二层思维。

高阶思维就是从平面信息基础过渡到立体思维上，从数理视角看，高阶思维可以类比为高阶偏导数概念，即从速度的一阶导数和加速度的二阶导数去理解物体的运动变化。市场研究方面不应只看市场信息的堆积，还需研究信息的变化，更需要解读信息变化的变化，从中提炼出市场边际改变的特性。对于市场常见的同比与环比指标，如商品价格、公司业绩或宏观经济等，投资者不仅要了解其绝对数值在变化（同比），还要获悉其相对数值的变动（环比）。从信息增减变化来看，环比的意义就是同比的高阶表现形式。高阶偏导数理念有助于投资者更好地观察商品市场或者公司业绩的边际拐点。例如，某工业类大宗商品年度需求量同比大幅增长，但月度需求量环比却在持续下降，这预示此商品需求驱动力正在减速，市场行情高位攀爬后劲不足，隐藏着“强弩之末”的态势。

市场案例

同比与环比（M1与沪深300指数关系）

2015年上半年在金融加杠杆与经济“小阳春”的共同努力下，沪深300指数跟随M1环比的持续改善大幅上涨，同期的同比数据小幅下行。2015年下半年至2016年初，在去金融杠杆的大方针下，央行流动性再度趋紧，M1环比逐级下跌，但是由于低基数的影响，M1同比仍处于顺畅的上行趋势中。在流动性环比实际趋紧的影响下，股市的下跌与同比数据向好态势呈现鲜明的背离现象（见图5－8）。

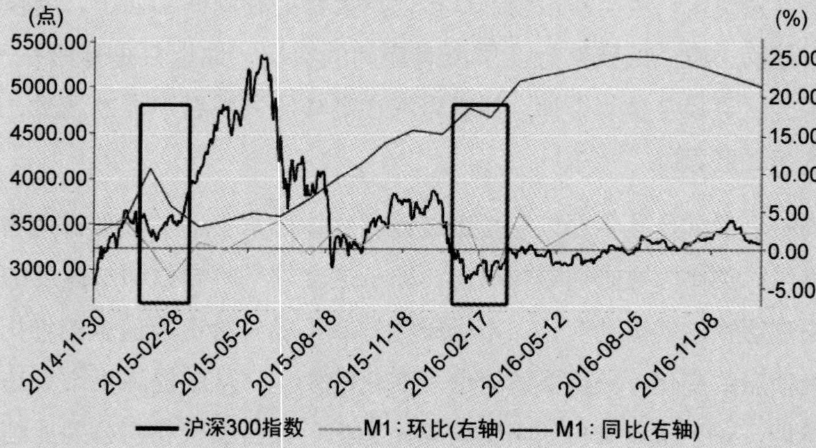

图5－8 M1与沪深300指数

高阶偏导数概念还体现在金融市场对线性与非线性特征的观察上。市场研判信息数据和核心逻辑通常是线性的描述，而市场行情变动多是非线性的混沌状态，夹杂着振荡与突变的可能。

金融市场创建了一类高阶偏导数方法来观测和对冲非线性市场变动，如衍生品市场的期权希腊字母以及债券市场的久期和凸度。期权交易商在对冲期权价格风险时就需运用高阶导数变量，Delta是期权价值对标的资产价格的一阶偏导数，Gamma则是期权价值对标的资产价格的二阶偏导数。这两个概念如同速度与加速度的关系，在对冲期权价格风险时，不仅要观察标的价格的变动速度对期权价格的影响，还要观察其变动加速度对期权价格的影响，并用高阶变量构建模式较好地对冲低阶变量的交易风险。类似于在B级车自适应巡航模式中内置多普勒雷达，不仅能探测到前车速度，还可探测到其加速度的变化，从而持续跟随前车并动态保持安全距离。

疾风知劲草，板荡识诚臣

影响市场价格走势的因素大致可以分为两类：常规因素与偶发因素。以大宗商品为例，常规因素是指商品的供给、需求、库存等因素，这些因素长期存在，且一直对商品价格有或大或小的影响。分析和推演常规因素构成了商品研究的基本框架，是商品研究的基石。偶发因素是指少见的重大政策、罕见的灾害之类的因素。因其事前难以获取，没法借用常规因素的研究方法进行观测，所以预期偏差就可以提供对偶发因素的研究视角。

偶发因素有两大特征：其一是出现频率不高。例如，产业的重大政策，有时几年都不会推出一个重大政策。又如严重的天灾更是罕见，近年来，全球气候变化导致厄尔尼诺、拉尼娜等特殊天气现象频发，导致其常出现在大宗农产品市场的舆情焦点之中，但是真正可以对供需产生巨大影响的“天灾”却不常见。其二是影响力较大。偶发因素经常会在短期内改变商品市场的供求格局，逆转或强化原有趋势。中长期内偶发因素也有巨大的影响力。例如，化工厂爆炸之类的事故，不仅会影响短期供求，还有可能导致相关安全生产方面法规的加速推出，进而导致产业格局和供求状况的重大改变。

由于偶发因素出现的频率不高，任何时间内的偶发因素，往往会出乎市场既有预期，加之偶发因素的巨大威力，会给市场带来较大的预期偏差。

市场案例

偶发因素的冲击

化工厂装置爆炸

2015 年 3 月，PTA 市场处于弱势下行之中。翔鹭石化下属子公司腾龙芳烃 PX 装置突然爆炸，导致翔鹭 450 万吨 PTA 装置停产，市场短期供求与市场情绪瞬间出现改变，PTA 隔日涨停价开盘，之后，PTA 的市场价格走势一路上涨。偶发重大事件引发了一波快速的反转趋势行情。

黑色产业供给侧结构性改革

2012—2015 年，螺纹钢市场经历了三年的大熊市，到 2015 年底更是跌至 1600 元/吨的历史低位，当时商品市场戏称螺纹钢价格已成“白菜价”。2016 年起，黑色产业开启了轰轰烈烈的供给侧结构性改革，“去产能”政策在行政管制下得以有效执行，扭转了钢材行业的供求格局，也直接推动了螺纹钢持续两年的大牛市行情。

对于偶发因素，应关注两方面：一是要关注偶发因素作用时间的长短，可以大致分为长期与短期，长期是指其影响力更大且持久的偶发因素，短期则是其影响力较小且间歇的偶发因素。例如，黑色产业面临供给侧结构性改革“三去一补”出台时，政策调控强力改变了钢铁产业原有供需态势，这种政策性因素对其产业影响会持续很长时间，随之逐步展开的市场价格运动也使价格波幅较大。相反，如果某种商品的物流由于天气问题受到了阻碍，但交通体系并未被损坏，则天气转好后物流的影响很快就会消散。该因素的影响力仅限于短期，相应的价格波动可能会比较快速，但是总体波幅通常不及长期偶发因素驱动得那么大。

二是要理解偶发因素在特定场景下可以发挥实盘压力测试的效果。偶发因素出现之后，可将市场价格的反应与偶发因素本身进行对比，评估市场原有逻辑的力度。例如，某上市公司经营状况良好，股价处于上涨趋势之中。此时，市场突现消息，该公司因某一笔理财投资失误导致较大亏损，尽管公司财务状况与该公司主营增长前景并没有多大的关系，但这一偶发因素形成的预期偏差多半会导致其股价剧烈波动。若股价跌幅较大，但短期内仍回升到原有趋势中，说明该公司主营业务增长预期可待，即该公司通过了市场压力测试。若该公司股价跌幅较大，且股价走势在较长时段内难以回归原轨，说明目前的财务困境对企业现金流的负面冲击不小，影响到公司主营增长前景，即该公司在此压力测试中就表现不佳。

常言道："疾风知劲草，板荡识诚臣。"

偶发因素带来的预期偏差，是偏差序列中的重要一环，所引起的偶发偏差冲击不仅对观测市场趋势有较大价值，而且对把握市场变动节奏也有参考作用，值得深入研究。

"自我奖赏/惩罚"反身机制

索罗斯的反身性理论无论对金融市场还是对实体产业都是较为适用的。由于人的认知能力有限、信息资源不足等主客观原因，人们对外界事物的判断可能存在错误认识。不论对个体还是对群体而言，犯错都是不可避免的，只能通过不断试错、不断纠错来调整和适应市场改变。当市场出现群体误判时，市场不仅会推动价格泡沫的运行，还会影响市场基本面的部分因素变异，当市场的预期与现实严重不对称时，市场行情就出现泡沫破裂、价格走势剧烈回归的现象。

反身性理论带来的预期偏差属于互相强化型偏差，该类型预期偏差较为复杂，包含以下两个过程：第一阶段，群体误判促使市场价格变化，价格变化带动基本面的部分因素强化，反过来进一步激发群体误判，被改变的因素便成了阶段性的主导因素，市场价格变化与主导因素互相强化与共振，驱动预期偏差持续扩张，市场风险也在不断累加；第二阶段，市场价格走势渐显疲态，难以刺激群体意识，含有膨胀弹性的原主要因素驱动力减弱，预期偏差的正反馈循环能量也在逐渐耗散，加之隐性反向因素显性化并适时发酵，原有市场逻辑被证伪，市场价格趋势最终换挡转向。如遇预期偏差累积过大且市场群体心态不稳时，市场甚至可能以快速“踩踏方式”完成逆转。

以下市场案例说明此类预期偏差在实体经济中同样常见。

市场案例

共享单车融资大战

2017年，摩拜单车声名鹊起，人们在大街小巷骑行摩拜单车，俨然成为一种新时尚。而更早成立的ofo公司也不甘落后，小鸣、哈啰、优拜等品牌也迅速崛起，共享单车大战随之展开，全国各地出现了黄色、绿色、蓝色等五颜六色的共享单车。占领市场份额、跑马圈地的热潮感染了手持大把资金的投资人，各个共享单车品牌的估值也水涨船高，估值上升带动了资金的涌入，资金涌入又再次推动共享单车估值上升，引更多资金跟风入局。然而，单车企业却迟迟找不到盈利模式，经营难以为继。最终，摩拜被收购，ofo 公司拖欠了骑行人的巨额押金无法归还，大部分风投资金也受到重创。一场热炒之后，只留下“一地鸡毛”。

其实，市场估值与价格运行本身就具有“自我奖赏/惩罚”机制，互相强化型偏差正是在此机制驱动下演绎出市场非理性泡沫化运动的，并一次次走出从“吹泡沫”到“破泡沫”的轮回趋势。在市场中这类“集体共情”常以某种叙事方式传播（俗称“讲故事”与“做故事”），且具有病毒般传播的传染性、扩散性和衰减性等特征，美国经济学大家罗伯特·席勒的新作《叙事经济学》有此方面的精彩论述。其实，这些市场运动大多是人性所致，我们在进行专业研究时应在常规分析的基础上，正视和理解市场的群体误判，读懂“贪婪”和“恐惧”的市场特征，这样才可能借助市场预期偏差辨识金融市场中泡沫膨胀与破裂状态的“机会”。

预期偏差必然性

2008 年发生的金融危机虽然已经过去了很多年，但是有关那场金融危机的研究与讨论一直没有停止。甚至围绕此次危机，已经拍了《大而不倒》《大空头》等多部具有影响力的电影。虽然事后很多专家对此次金融危机进行了深刻反思，但当时提前预测到这场危机的经济学家及金融人士却极其有限。当时，成功预测到这场危机的经济学家是纽约大学教授鲁比尼（号称“末日博士”），在全球名声大噪。但是，即便是如此“大神”，日后也因为没有更多的精彩观点，逐步淡出了公众视野。在国内证券市场，很多金融机构在年底时都会推出对来年的预测，以吸引市场参与者关注，但事后验证其准确度，结果大都不尽如人意。

造成这种现象的原因何在？是诸位“大神”能力不足吗？当然不是。问题往往不是出现在个人身上，而是出在了环境方面。当市场环境变得复杂时，任何专家都可能无能为力。

首先，市场环境的复杂性体现在环境中变量太多。在宏观经济及产业分析领域，投资者要面对大量的影响因素，影响因素越多，意味着变量越多，需要选择与预测的因素也就越多。但是，人力都是有限的，人们可以获得的信息也是有限的。每增加一次预测，都会对预测者提出更高的要求，也会导致犯错可能性的上升。经济与产业领域中变量总比常量多，所以市场预测就显得不大靠谱。

其次，并不是什么市场变量都能被预测的，有些变量是明知其存在，但是确实无法了解该变量的情况。还有一些变量，根本不被人识别，人们也不知道其存在，但这些变量却发挥了较大影响力。专业研究要求在各种因素之中过滤出核心主素，然而，过滤的前提是对大部分因素已知，只有已知才能权衡，才能过滤出核心因素。所以，当环境中未知变量太多，就难以过滤出有效的核心因素，就是所谓的“亏损来自报告之外”。

最后，现实与预期是在不同时空界面的两类运行模式，现实的真实性与预期的情绪性，使两者在时段、区间、节奏上存在动态偏差。在研究人员企图用“预期”透视“现实”或以“现实”展望“预期”的过程，是有盲区的，这类“测不准效应”自然会显现出预期偏差特质。就像人在群山中行走，一段山路一段景，人们会有“不识庐山真面目，只缘身在此山中”之叹。因市场环境复杂，导致未来可能出现的演绎路线是多样的，未来走出哪一条路径都有可能。在这样的环境中，市场参与者无法准确地预测出市场行情走势，预期偏差是必然存在的。

预期偏差博弈性

传统的市场研究，更多地在于寻求对资产标的研究预判的准确性，常把现实与预期之间的偏差当作研究中的遗漏和错误，希望通过勤奋努力去减少这类“不精确”的干扰因素。但这恰恰忽视或低估了预期偏差的真实存在的意义，事实上，我们可将预期偏差当成市场研投体系构架中主动存在的重要变量，它不仅包含研究预判偏差，也在某种程度上直接地反映了资本市场不同力量的博弈状态。

市场研究概括了研究一方的认知层面，各类参与方则拿出资金去市场“投票”，那么市场实际走势就是各类资金共同角逐的阶段性结局。如商品市场中，产业类资本常偏向以产业视角评估市场，机构类资本多倾向以宏观背景评判市场，彼此有共识也有分歧，有趋同也有争斗。透过预期偏差变化过程的观测，研究者可以感知到市场多空双方的力量博弈和市场变化。比如，基本面研究与市场实际走势在大方向上大多是一致的，但是具体到短期市场节奏，二者往往并不会完全一致。

当基本面研究结论与市场短期走势出现偏差时，一些传统研究者往往会归咎为自己基本面信息的不完善或者不精确，从而“刻舟求剑”地寻求研究体系的改进，或者在市场资金、情绪等方面简单地寻找短期波动因素，机械地等待行情的回归。然而，这种做法恰恰浪费了预期偏差存在的意义。基本面的信息广泛为市场所知，因此，基本面研究的结论背后无疑是一股强大的力量，试图驱动市场走向这股力量所判断的位置。然而行情之所以并未如其所愿，是因为另一股力量对其进行了扰动与对冲，预期偏差便是两种力量博弈结果的外化表现。比起执着地追求市场研究的“绝对正确”，我们不妨将研究视线聚焦于偏差本身，通过预期偏差解读背后力量的博弈，从而更好地应对市场行情走势。

市场案例

预期偏差与乙二醇的冬季行情

2019 年以来，国内乙二醇新增产能大量投放，供应持续过剩下的乙二醇价格长期低位运行。进入第四季度后，有消息称将有两套大型装置在年底投产，市场一致预期乙二醇的流通货源将进一步宽松，开始大批卖空 EG2001 合约，乙二醇市场价格一度走低至 4275 元/吨。但是 11 月中旬起 EG2001 合约开始反弹，尽管仍有大量资金继续对 EG2001 合约进行卖空，但部分敏锐的资金已逐步调整对 12 月供需情况的预期，并开始配置多单。随着多空双方的激烈角逐，EG2001 合约的持仓量日益升高（见图 5－9）。进入 12 月，原计划投产的两套新装置迟迟未能落地，而进口供应受港口冬季封航影响也有所缩减，乙二醇库存大幅下降，已经无法满足空单持有者的交割需求，交割货源紧张下价格迅速拉升，空头被迫止损离场。随即 EG2001 合约走出一波迅猛的涨势，最高点达到 5668 元/吨。在这个过程中，善于利用预期偏差进行多头配置的投资者将会获得可观的收益。

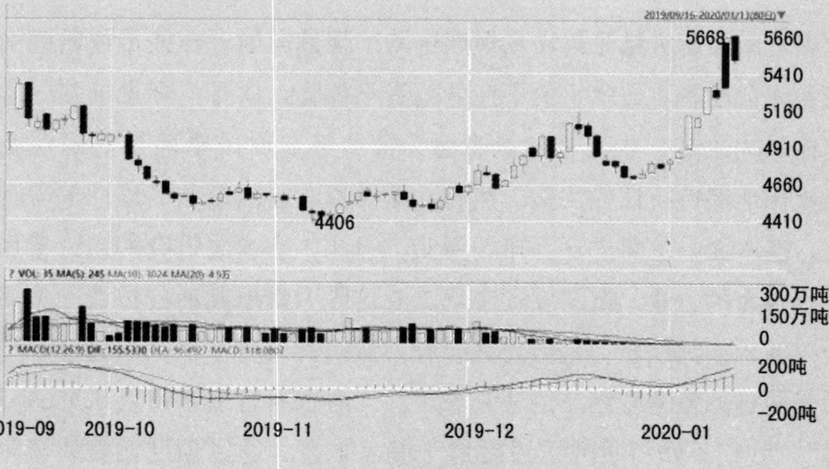

图 5－9　EG2001 合约的冬季行情

预期偏差修正性

预期偏差除了必然性和博弈性，还具有持续演绎和迭代的特征，即修正性。预期偏差横跨于情景研判与市场反应两大场景，为 C 模块与 M 模块搭建起互动沟通的桥梁，也为两者之间的偏差实现动态修正提供了可能。根据市场预测和市场实际情况之间差异，可以将预期偏差分为三种状态：充分预期、正向预期差和负向预期差。

充分预期是指研究预测与市场实际情况相一致，也就是研究预判与行情走势高度契合，从金融市场不确定性引申的“测不准”理念来看，这种状态是可遇而不可求的偶得（如图 5－10 的左图所示，其 45 度斜虚线在整个坐标平面上只是存在的一个特例）。但许多初入行业的研究人员通常过于偏好追求准确性高的预判，却忽视了研究预测与市场实际之间的偏差必然是长期存在的。当市场实际情况好于市场预测时就出现正向预期差，其持续作用会不断反馈强化原有的市场运行逻辑，驱动市场行情沿原有趋势发展下去；反之，如市场实际情况与市场预测不符时就出现负向预期差，市场反应会对原有驱动逻辑产生制约和减弱效应，甚至可能会引起市场过度反应，出现反转行情走势（见图 5－10）。

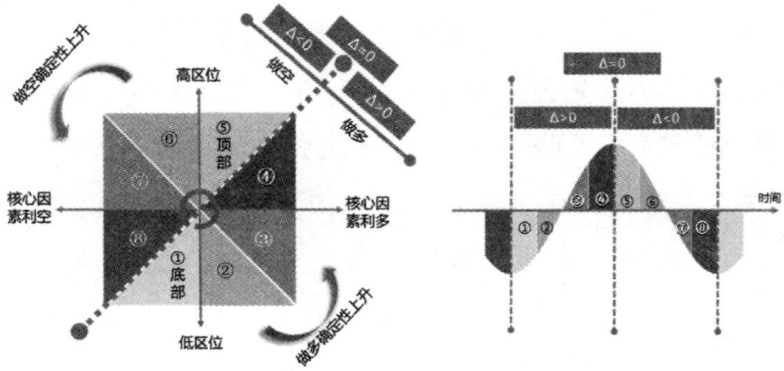

图 5－10　预期偏差的修正性

预期偏差修正性体现在市场的某段时间内，不同偏差结构是会动态连续调整的，形成核心因素变动与市场驱动逻辑的相互演绎过程。为更好地了解这一过程的深层面变化，需通过高阶视角来观测（二阶导数变量理念）。如图5－10简化模型所示：正负向预期偏差（Δ）持续变化背后驱动逻辑会促使市场走出类似于波浪递推的全过程行情（①—②→⑦—⑧）。

总之，通过以基本定义、主要内涵和特征效应来设立的预期偏差（E模块）概念，可拓展对市场研究的认知视野和方法构架，这也是CME研究体系的核心所在。一方面，通过预期偏差将情景研判与市场反应联系起来，搭建出一个立体互动的CME结构；另一方面，充分认可市场研究的局限性，要包容市场预判与市场反应之间的真实偏差，并以此偏差的出发点和观测角度，提高市场研究持续跟踪、动态调整的自适应性。E模块就像在“踩高跷”，通过不断调整C模块与M模块这两条高跷腿来驱动CME整个结构向前走，在这个过程中不可过于偏重某一条高跷腿而导致踩高跷的人失衡，而应利用两条高跷腿之间的动态偏差来适应行走。

从根本上说，预期偏差是起始于现实与预期之间时隐时现的偏差，是金融市场虚实演绎变化过程中必然存在的不对称性差异。现实是真实的，预期是虚引的；现实是渐缓的，预期是快捷的；现实是持续的，预期是脉动的；市场现实与预期在时间和空间节律上有着天然差异，现实与预期的变动经常不在同一频段上，这也造就了两者偏差及其变化的必然性，进而导致市场众多参与者总是在“仰望星空”与“脚踏实地”之间来回切换。我们可以用“心动”“风动”“树动”来形象地解读金融市场的这一特性：“心动”源于参与者对市场的感受，如电如梦；“风动”起于市场群体运动式驱动，如波如潮；“树动”立于市场长远趋势，如茂似柱。

本章结语

● 预期偏差是基于市场抽样的推演过程，通过高阶视角进行主客观的互证判断，可以更了解市场运行逻辑。

● 不必执着追求研究分析结果的正确性，不妨通过预期偏差解读市场背后不同力量的博弈。

● 时间魅力在于它从不说话，却回答了所有问题。预期偏差内含时间因子，市场研究的一个重要视角就是用时间序列展开来考量。

● 多关注市场变化的变化，透过市场现实与预期偏差的“量变”，观察市场逻辑是否得以强化还是证伪的“质变”。

● 市场偶发因素所引起的预期偏差可用于市场真实的压力测试，以此验证其冲击力。

● 市场反身性会强化预期偏差变动，资本市场时常在“吹泡沫”与“破泡沫”之间轮回，而预期偏差可以用于“读故事”和“做故事”。

● 预期偏差如同踩高跷，E 模块好似踩在 C 模块与 M 模块上的两条高跷腿，不应过于偏重某一条高跷腿而使踩高跷的人失衡，需用两条高跷腿之间的动态偏差来适应行走，驱动整个 CME 结构前行。

● 市场的虚实演绎变化常不在相同的时空频段上，预期偏差具有必然性、博弈性和修正性。

第六章
CME 研究体系的知与行

知者行之始，行者知之成。

——（明）王阳明，《传习录》

基于偏差-反应结构的 CME 研究与投资体系构建起研究分析与交易实践的动态沟通，是一套较为完整的知行模式。该模式在传统的研究基础上，提供更加高阶的观察视角，有助于专业研投人员更深层次理解和把握市场运行的本质。CME 研究体系的重要根基就是关注现实与预期之间的偏差，它的研究对象有别于传统的研究方式。本部分内容旨在通过解读预期偏差的实践行为，深入理解偏差的内涵，把握偏差的特征，进而与交易实践内容有机统一。

以偏差窥视未知

老子《道德经》中有言："知不知，尚矣；不知知，病矣。"说的是知道自己的认知是存在局限性的，这是难能可贵的，更是智慧的。

认知的局限性在于世间万物无法被人类完整认知，只能被局部认知。通常，人们先提出认知假设，然后去寻找与假设不同的事例，并依据比较结果对假说进行不断修正与改善。这就是英国哲学家波普尔提出的"证伪主义"的根源。为了更好地理解人的认知的局限性，我们可以把认知分为三个层次（见图6-1）。

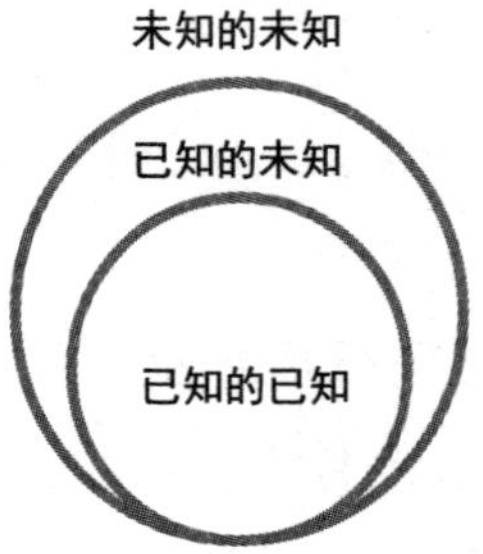

图6-1　认知的三个层次

已知的已知：已知事件的特性和可能性；

已知的未知：已知事件的特性，但不知其可能性；

未知的未知：完全未知可能发生事件的特性和可能性。

人们总习惯追寻事物变化的确定性，就是这三大认知圈中最小的那个。股票市场也有三种不同的认知圈：

“已知的已知”就是股票市场中较为常见的典型的“大白马”。因其股票相关信息已经公开，同时又兼有市场大、收益稳、风险低的特点，往往为众多投资者所偏好。

“已知的未知”就像“灰犀牛”，远方的身影忽隐忽现，知道它在远处，但并不知道会何时冲向人群。例如，康美药业早在 2008 年便已开始虚增收益，多方原因致使其问题不断放大，直至 2018 年其虚构资产累计滚动高达 300 多亿元，公司的重大问题才彻底败露。

“未知的未知”类似于“黑天鹅”，此类事件难以预测，影响巨大，易引发金融市场一系列连锁反应。

当然，“已知的未知”与“未知的未知”，未必总是意味着风险和问题，也可能有意外之喜。

无论是群体还是个体，都会存在认知圈的局限性，难以覆盖全局，所以认知偏差的产生就有其客观必然性。同时，认知偏差又具备主观差异性，体现在个人的认知圈的大小不同，其拓展能力的强弱也不一样。金融市场的各方参与者对市场的认知水平也是有差异的。

一方面，个人认知圈范围大小存在差异，体现为信息不对称和思维方式不同。例如，90% 的已知信息可能都是公开、可获取的，但剩下的 10% 的已知信息通常具备少数关键的稀缺性，但一段市场行情走势往往被这 10% 的已知信息（即核心因素）所驱动。专业研究者常有机会参加一些实地调研与内部交流会议，可及时获得这类少数关键的信息变量，以完善自身的市场认知圈。

另一方面，个人还可通过学习和探究去突破认知边界，将未知转化为已知，从而修正认知偏差，拓展自身的市场认知圈范围，这一过程对于专业研投人士来说是需要经验积累的厚度和时间沉淀的长度的。当然，个人的修正能力不一，作为个体的市场认知圈的大小也不同，某一些人“已知的未知”的盲区可能是另一些人的“已知的已知”的显区，这也就导致众多市场参与者博弈水平会有所差异。

“未知的未知”类似于“天比人高”的状态，指的是未知事件的发生往往超出了人们的认知视野，使人们大有“人算不如天算”的无奈之叹。但这类事件的出现未必都是坏事，因为这意味着存在“信息公平”，即市场参与者不论资金多寡，谁都无法提前获知信息。重要的是当“未知的未知”出现时，我们需要及时转换思维，用偏差视角评估现实与预期，并迅速做出相应的反应。

以上三层认知思维源于市场认知偏差存在客观必然性与主观差异性，然而，并不是所有的“未知”都可以通过研究及时转化为“已知”。必须承认，我们是无法确切全面地了解“未知”的，所以，CME 研究体系便另辟蹊径，承认认知偏差，允许容错调整，重点放在关注“未知”影响程度上，评估事态变化的范围可能远比追求过度的精确更为重要。其核心理念正是利用预期偏差来触及市场“未知”部分，通过市场反应来观察偏差、运用偏差、跟踪偏差，具体来看，包括以下三个方面：

第一，承认存在无法认知的区域，运用偏差理念看待市场可以了解和透视未知，预期偏差包含了对“已知的未知”和“未知的未知”的应变。

第二，通过观察预期偏差探索市场“未知”部分，如前文所述的 C 模块和 M 模块的功能，提炼假设验证，分析场景存在的可能性，同时利用技术工具和舆情调研来跟踪市场。

第三，在跟踪偏差过程中，动态把握预期偏差的收敛和扩张（如同一阶偏导）及其变动节奏（二阶偏导），这决定了拓展认知圈的能力。

研究和投资很像是一场“盲盒游戏”和“时间游戏”，参与者大多依据各自的认知圈来对待市场，而非以市场视角观看市场，好似将自身的认知圈投影到市场中，将众多影像叠加在现实和预期的市场平台上。投资者对市场认知圈规模的认知水平基本决定了其在研究与投资方面的能力圈的水平。长期而言，参与者投资收益的高低本质上取决于其认知市场的变现能力。

贝叶斯思维：以有限观无穷

树立正确的市场认知局限观，关键在于要认识到金融市场的不确定性。传统研究侧重于通过简单和线性的推理看待市场，认为只要在具备某种特定条件的情况下，就会发生相应的某些事件，即：

$$X \rightarrow Y$$

但真实的市场存在多种不确定的“歧路”，需要用概率思维来看待。由于人认知的局限性，投资者对市场的研究必然会受到其观测范围的限制，且样本代表性偏差的存在也导致绝对的确定性是不可能的。换言之，即使相关的条件已经具备，对应的事件也仅会在一定概率下才能发生，即：

$$X \xrightarrow{p} Y$$

有效市场研究过程应当建立起上述模型，即在条件 X 发生后，研究事件 Y 发生的可能性 p 的变化，进而对前期模型假设进行不断调整与校正。在认知市场的初始阶段，研究者对条件 X 与事件 Y 之间逻辑关系进行了带有一定预判性的推断，如给出一个初始的可能性 p；随后，研究者根据市场变化的实际表现，基于 p 对 X 与 Y 进行调整，得到一系列新的 X_i 与 Y_i，并依据每一个 X_i 与 Y_i 得出新的 p_i，在不断调整 X 与 Y 的变量过程中，使 p 不断接近市场的真实可能性。这个过程可以用下述模型表述：

$$X_0 \xrightarrow{p_0} Y_0 \rightarrow X_1 \xrightarrow{p_1} Y_1 \rightarrow \cdots \rightarrow X_n \xrightarrow{p_n} Y_n$$

在市场研究的完整过程中，开始阶段研投者对市场的认知往往只是一个“大概”，这时对市场行情的判断确定性也相对比较低；随着参与市场的不断深入，研投者会接触到更多的基本面信息，在这个过程中，研投者不断地对市场行情展开验证、逻辑推演，并建立新的市场认知，然后再以此为依据进行研究模型的修正。在动态调整的过程中，市场认知不断被深化，研究的相对确定性也不断得以明确。这一过程很像拍摄照片的过程，随着科学技术的发展，现代相机已经出现了自动对焦的模式，人们可以轻松地拍到高质量的照片。但对于专业摄影师来说，仍然需要手动对焦单反相机，通过熟练动作可快速对镜头视野进行聚焦调整，这样才能逐步逼近专业人员希望达到的影像水平，从而得到光、影、色优化配置的拍摄效果。

这种动态逼近和优化的方法与近年来在人工智能等领域应用颇为广泛的贝叶斯思维有异曲同工之妙。贝叶斯思维的本质就是化静态为动态，在小样本的假设与验证基础上推演出样本整体的主要特征，从而在研究能力与精确性有限的情况下，减小样本容量及代表性带来的偏差，通过时间序列和动态校正的过程，尽可能高效地对事物建立认知，并不断拓展认知圈；其核心是以动态的逻辑和概率关联替代静态的穷举过程，从而大大降低认知事物的复杂度。

知识卡片

贝叶斯概率理论

贝叶斯概率理论是英国数学家托马斯·贝叶斯（Thomas Bayes）基于条件概率模型对传统频率主义概率论进行的修正与探索。贝叶斯认为，由于人类观察能力有限，人们对某一事件发生概率的判断是主观的，即“先验概率”；在研究的过程中，不能认为先验概率一定准确，而应该通过一定的样本假设进行观察，得到调整后的概率估计，即“后验概率”。因此，在进一步认识事物的过程中，需要利用贝叶斯定理 $\{P(A\cap B)=P(A)\times P(B|A)=P(B)\times P(A|B)\}$，基于新的观察证据，理性地对先验概率进行修正，之后得到后验概率。贝叶斯概率理论给出了一种利用相对小的样本通过合理的逻辑验证，从而推断大样本状态的合理方法，因此在现代统计学及其相关领域均有广泛的应用。

资本市场信息瞬息万变，研究和投资者对市场的认知往往是先验的、不完备的，因此，需要利用贝叶斯思维，通过不断假设与验证，将预设的先验状态转为实证的后验状态，进而更为深入地改善认知市场的条件。CME 研究体系正是应用了贝叶斯思维方式，对研究模式进行高阶强化，改善了从传统基本面分析直接得到市场行情逻辑的线性先验思维，避免了过于依赖主观先入的预设逻辑，并在此基础上建立假设－验证－应对的自适应循环修正模式，不断在现有市场认知的基础上，通过情景研析进行一系列先验假设，并基于市场行情实际变化对这些假设展开动态验证，得到新生的后验条件，以此对市场认知所派生的市场逻辑演变进行偏差修正。

事实上，通过贝叶斯思维对先验假设进行修正的过程也是不断发现市场中的隐性因素，并不断对隐性因素与显性因素进行跟踪的过程。如前文所述，市场中的显性因素与隐性因素是共存的，但隐性因素往往并不显眼。当投资者对市场进行先验假设时，大部分时间只能看到市场中的显性因素，但是在观察市场行情走势并验证假设的过程中，隐性因素带来的影响会不断显现，并有可能在市场变化中逐渐占据主导地位。研究和投资者不断发现隐性因素，并对原有假设进行修正，这样的修正过程也是发掘偏差、跟踪偏差的动态调整过程。修正过程不是一次完成的，而是连续进行、由浅及深、不断迭代的，因此，需要对预期偏差建立动态的认识架构，避免对市场基本面机械、静态地研究，力求在市场推衍的过程中实现市场认知由表及里、由远及近的收敛，最终把握市场中“模糊的正确”。

巡航制导与偏差跟踪

基本面先验预判指引了方向和可能性，但计划往往赶不上变化，因为计划是静态的，而现实和预期是动态的，且现实具备不定性、未知性和突发性。因此，保持动态的跟踪与调整，才能尽可能跟上市场节奏而不失偏颇，这就像巡航导弹自控飞行中的制导系统。该系统使巡航导弹表现出令人难以置信的精确度。制导系统通过测量装置、计算装置、执行装置，使巡航导弹在飞行过程中实现与外界环境的信息互换、过滤、对比与处理，以适当调整航道并最终击中目标。

知识卡片

巡航导弹制导系统

巡航导弹制导系统主要由测量装置、计算装置和执行装置构成。测量装置用以测量导弹和打击目标的相对位置，以及导弹速度和加速度等有效信息；计算装置将所测得的信号过滤，按选定的导引规则加以计算处理，形成制导指令信号；执行装置可放大制导指令信号，并通过伺服机构驱动导弹舵面偏转装置，以调整发动机推力方向，使导弹可适应外部场景变化，消除外界干扰的影响，保持导弹稳定且有效飞行。

这种类似的随动反应模式强调事物之间相互顺从与彼此沟通，进而客随主动，依时顺势，择善而从，人们应学习这种“随思维”，跟随事态变化而决定自身行为。

巡航制导原理“随思维”理念是“行道万千，殊途同归”，这种理念对金融市场同样有指导意义。在研究和投资中需要在跟随中应变，“跟随”可以理解为“如何跟”与“如何随”，正所谓随得了大势，跟得上节奏。“随”侧重于更新基本面变化和市场反应，包括行情走势、核心指标、市场逻辑由表及里的三个层次，“跟”则偏向于根据“随”的状态做出的应变节奏。

“跟随”的层次感也体现为对市场进行由近及远，由外及内，由浅及深的跟踪过程。研投者需与市场要保持一定的距离，不要过分紧盯每日的价格波动，市场价格上下翻飞常会引发情绪波动。投资者应该从价格波动与基本面信息中提炼出核心指标，利用核心指标评估市场底层逻辑有无变化，从而尽可能过滤掉大部分的市场噪音。市场波动总是存在的，若没有完善的跟随理念及体系方法，就很可能出现“跟不住”“拿不稳”的情形。

CME 结构的有效运行过程借鉴了巡航导弹的制导原理，制导系统中的计算装置类似于 C 模块的角色，测量装置类似于 M 模块的角色，执行装置类似于 E 模块的角色，由此实现内外市场信息交换环式所构建的市场随动跟踪体系。

交易投资者通过 C 模块的分析过滤出核心因素之后，应对市场走势的运行状况做出先验假设（如方向、目标以及时长等预判），然后持续跟踪基本面变化和市场反应，评估驱动因素的边际变化，及市场行情是否反映了先验假设逻辑、反映的程度如何。在此基础上，交易投资者还要展开后验修正，以跟上市场的节奏与势头。这一过程就像巡航导弹发射、平飞与变速的制导飞行的三个阶段。

第一阶段：驱动在强化，且市场行情走势尚未充分体现定价，正预期差加强，那么交易投资者应以交易驱动思路对待市场，加速建仓，等待正向主波展开，正如导弹航线与目标轨迹一致时，导弹呈现加速状态。

第二阶段：市场行情走势基本兑现市场逻辑，驱动边际效应逐步减弱，预期差收敛，交易投资者应以交易节奏和估值思路对待，择机兑现部分头寸收益。

第三阶段：市场行情已显疲态，市场核心逻辑驱动正处于被证伪之中，应对原有的先验假设做出大幅修正，需根据后验条件变化及时调兑原有逻辑的持有头寸。

在市场研究与投资过程中，现实与预期的偏差识别和校正能力既是 CME 研究体系的重中之重，又是研投成败的决定因素，还是鉴定研投能力的重要组成部分。

跟主波，踩次波，滤杂波

跟随的重点在于把握市场趋势的展开过程，其中，趋势与形态的相互演变难以观测，“随”上大趋势不易，“跟”住形态节奏更难。长期趋势是由深入研究长期基本面和大周期技术面从而达到的“模糊的正确”状态，而短期节奏演变则更加复杂，千差万别的市场冲击和变幻无常的市场情绪彼此交织其中，难以把握。因此，在跟随市场的过程中，应该有一定的试错空间和容错机制，也就是需要包容研究市场存在的部分偏差，并观察偏差的变化特征，这也是偏差－反应理念指导实践的主要应用。

虽然市场趋势的展开过程看上去多是杂乱无章的，但是我们可以借用“信号滤波机制”来分解市场行情走势，也可以通过滤波理念解构出三种不同内涵的波形（见图6－2）。

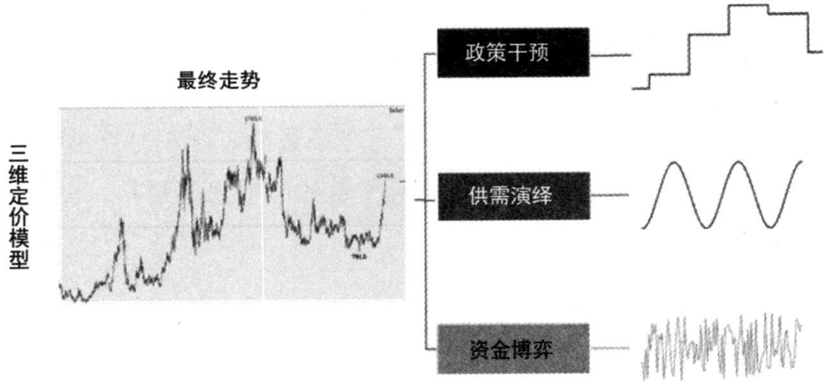

图6－2　市场趋势模式与三维定价模型

第一层次的波形态可定义为政策干预，代表经济体官方阶段性政策调控强弱，是属于“有形之手”主动干预市场，国内外皆如此。例如，2016年钢铁、煤炭等产业的供给侧结构性改革政策，就决定了市场价格中枢的移动，推动了长期趋势的产生；还有2020年新冠疫情冲击国际原油市场，OPEC联盟强力推进期间限产以抬升油价走势。

第二层次的波形态是供需演绎，代表商品资产供需双方的周期性结构变化。例如，商品需求季节性缩放与市场走势形态节奏有重大关联，但并非同步。

第三层次的波形态是资金博弈，代表着市场多空双方资金参与和斗争力量的比对。在各色交易策略指导下的各方资金对垒，常会加剧市场走势的短期情绪性波动，具有较强的市场随机性。

通过研究分析“滤波”后不同层次波形态的影响，可反推出在三种层次波形叠加的作用下市场行情的错综复杂的真实走势，从而观察出某一期间内市场走势驱动的内在特征。

真实的市场行情走势还可利用分形结构理论进行形态分类，其中，较为经典的划分方法就是道氏理论，其要义便是将市场走势波动分解为主级正向波、次级逆向波和短期杂波三种形态的波。主级正向波反映了市场中长期趋势，一般有一定确定性，且持续时间较长，辨别主级正向波是需要有想象力的，更需要研究者和投资者有坚定“前途是光明的”的信念。

次级逆向波是市场趋势展开过程中的形态走势，常以多样易变的形式展现，是复杂市场运行的节奏组合，其较强走势具有欺骗性，使不少研究者和投资者在其中“溺水”。

CME 研究体系是交易投资者应用预期偏差动态在曲折的市场道路上行驶的方法论。短期杂波经常会给交易投资者判断市场走势造成不小干扰，交易投资者可以设定适度的预期偏差将其屏蔽掉，就像“多普勒雷达”可过滤掉大量杂波信号一样。

无论是研究市场还是交易投资，都需要跟随市场大势寻找市场节奏，应尽可能做到“跟上”主级正向波的时空，“踩上”次级逆向波的节奏，“滤掉”短期杂波的扰动。滤波和分形是解读市场的两种视角，就像通过浮标和河床来观察河流一样。滤波分解过程有助于看到市场行情走势背后的隐性河床部分，它才是决定河流流向的主要因素。分形划分过程是为了追踪市场行情走势表面的显性浮标部分，通过它可以观测到河的流速与流量，更能有效追踪到河流的起伏波动。

从技术面应用视角看，布林线指标是一个不错的市场河流跟随工具。用布林线的数理模型跟随市场行情具备一定的优势。

第一，布林线能够较好地跟踪大趋势，既可以设立中轨线指示趋势方向，又可以调整中轨参数（如 MA15/21/26）实现不同周期趋势的跟踪。

第二，布林线采用自适应跟随方式，可根据数理统计的“拉依达准则”分布特征，通过设定中轨线均方差的大小（1.5σ/2σ/2.5σ）获得可变动的跟踪宽带，展示出趋势运行过程中“一波三折”这一节奏偏差的包容度。市场趋势大都伴有途中回撤，回撤虽不改变趋势方向，但会改变趋势运行节奏，布林线带宽不断变化恰好表现了市场节奏偏差。布林线通过自适应调整带宽，使大部分节奏变化都被管控在带宽偏差之内，以适应市场曲折之路的颠簸。另外，与金融资产风险管理中常见的 VAR 值管理理念一样，布林线还划出了风险控制对市场波动容忍范围。

第三，布林线既能指定周期内的趋势观察，又能通过可变带宽把握市场节奏，虽然其指标曲线看起来并不规整，但其包含了市场走势的非线性变化。初入市场者往往不太喜欢使用布林线指标，但专业研究投资者比较青睐布林线，这种张弛不一的带状结构趋势可很好地体现市场趋势和节奏，也能更好地体现出预期偏差的调整过程。

知识卡片

拉依达准则

在正态或近似正态分布的样本数据中，通常使用多个标准均方差来描述样本数据偏离中位数值的程度，代表极值与回归状态。在跟随市场走势的过程中，如果某小段行情过度偏离趋势，很有可能是偏差过大引起的，大概率会回归到趋势带中。这一准则对把握市场节奏十分重要。假设市场行情符合正态分布，趋势用均值 μ 来表示，则价格分布在1.5 倍标准差（$\mu-1.5\sigma$，$\mu+1.5\sigma$）中的概率为0.8664，价格分布在2 倍标准差（$\mu-2\sigma$，$\mu+2\sigma$）中的概率为 0.9545，价格分布在2.5 倍标准差（$\mu-2.5\sigma$，$\mu+2.5\sigma$）中的概率为 0.9876。

市场案例

布林线的趋势跟踪应用

布林线可以较好地体现以曲求直的理念。绝大部分趋势行情都不是一帆风顺的。通常，趋势行情中时常伴有各种类型的调整，使价格走势总是在曲折中演进。如图 6－3 所示，在上升趋势之中，布林线的带宽多次出现明显变化。带宽的变化既体现了趋势节奏的变化，又反映了趋势能量的波动。这种市场能量聚集与释放的过程体现了耗散结

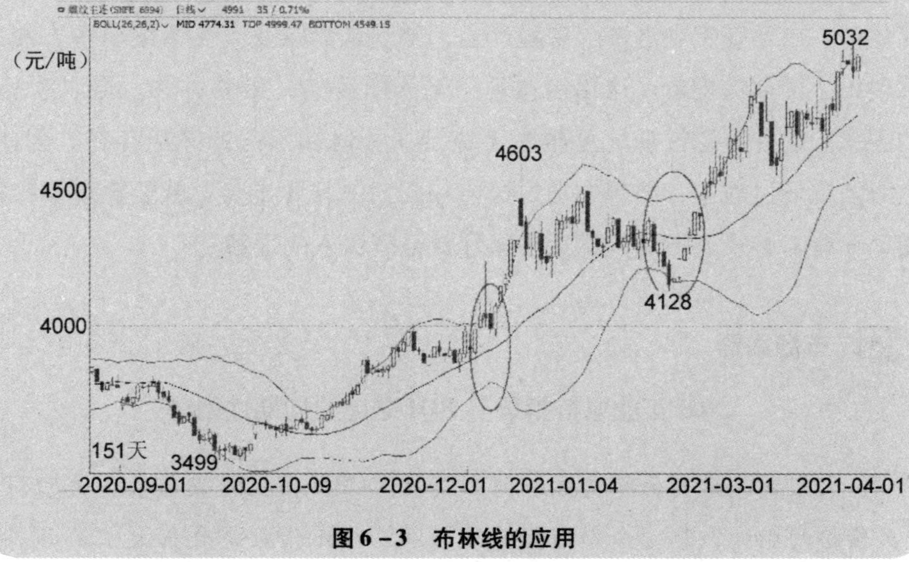

图 6－3　布林线的应用

构系统理论所描述的状况。另外，我们不仅要看到市场过程的曲折，更要明白市场将指向何方。布林线中轨指明了价格走势的方向，其带宽虽然曲折，但是中轨走向却一直明确。曲中有直，直中有曲，不可忽视“曲”的过程，更不能忘却“直”的初心，这样才能做到以曲求直。

为了有效把握市场趋势，必须建立一系列观测原则，如客观性、周期性和节奏性原则等。客观性原则是指应以市场的实际走势作为研究基础，减少主观判断。周期性原则是指使用长周期方法去遥望主级正向波，相应的是应以中周期视角去观测次级逆向波，用短周期去过滤日常杂波。节奏性原则是指市场行情在时间和空间上会有一种类似舞蹈节奏式的转换过程，可以用分形理论视角去匹配这种节奏。

“彼竭我盈”与钟摆回归

从市场环境和供需状况的周期性变化到市场行情处于涨跌的阴阳交替变化中，市场在宏观经济、中观产业、微观走势以及人性情绪等多方面都展现出了周期性现象，这恰恰体现了老子所言的“万物并作，吾以观复”的理念。这种周期性变化从根本上决定了极值和回归的必然存在。因此，在跟随市场过程中，要想处理好极值和回归的特殊走势，就要像观测钟摆摆动一样，必须对市场的周期性循环特征有深入的理解。

市场案例

CRB 工业原料指数与 BDI 之比的周期性循环

大宗商品兼具金融属性和商品属性。CRB 指数是直接表征大宗商品价格的指标，其受金融市场影响较大；BDI 指数是表征大宗商品海运物流状况的指标，其受大宗商品的实际供求影响较大。可通过两者类比来观察大宗商品金融属性与商品属性的相对强弱以及周期性的交替变化。如2020年上半年，这个比值一度冲高，2020年第三季度以来，这一比值落在0.3~0.4之间，低位徘徊。这个环比变化正反映了全球突发新冠疫情从而促使各经济体央行大幅放水之后大宗商品的金融属性从突升到回落的过程（见图6-4）。

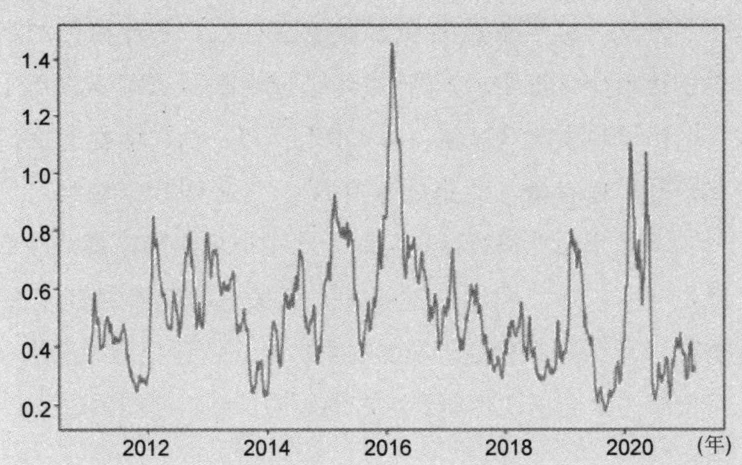

图6-4　CRB工业原料指数与BDI之比

中国传统文化有“冬至一阳生”的理念，虽然冬至是全年黑夜最长的一天，但它也是阳气微弱启升的一天，即隐含着“阳盛”就此开始。“太阴知少阳”是中国古人的深度智慧，这种观察自然的理念也给我们观察市场提供了指导和借鉴意义。市场的极值回归需要应用高阶视角来观察和追踪，我们需要对市场极值状态加倍敏感，也要培养边际变化效应的思维方式。跌势最惨之时往往是酝酿下一轮强涨的开端。

例如，第二次世界大战期间，英军从敦刻尔克大撤退之际，英国股票市场对这场战争陷入了极度悲观的态势。然而，悲观预期已充分反映在市场中，虽然之后战场的形势仍处于僵持状态，但稍有利好便可发挥市场作用，使股市不断走高。所以，敦刻尔克败退倒成了英国股市历史级的转折点。与此相似的例子还有2020年初暴发的新冠疫情，使中国春节后首个交易日的沪深股指巨幅低开，然而，物极必反再次显现，疫情缓和后国内股市展开了持续近一年的高升走势。

通过各类“同比/环比”两种方式，可以较好地观察市场极值与回归变动，其中“环比”较“同比”更加敏感且有效，是一种相对高阶视角下预期偏差的边际变化思维。“同比/环比”观察方法可以应用于多个方面，不仅可以用于观察宏观环境（如GDP、CPI、社融增量等指标）和中观产业（如产量、库存量、消费量等指标），还可以用来观察市场走势的动量变化（如用技术面分析行情走势时，比较市场走势前高点或低点的相对位置，就是一种锚定“同比”的视角，而关注当下持续走势变化的速率，则是一种“环比”变化高阶观测视角）当连续三根阳线涨幅不断缩小时，市场行情中多半会出现短期到达市场极值且即将回归的迹象。

进攻能量耗散之后，大概率会出现“彼竭我盈，故克之”的行情走势，体现了“一鼓作气，再而衰，三而竭”的道理。另外，国人讲究“事不过三”，这一理念也常体现在金融市场中，比如技术面分析中经常提及的“头肩顶/三重底”等形态，其实也是“事不过三”在金融市场的外化表现。

知识卡片

边际效应思维

边际效应思维是经济学中最重要的理念之一，人们通常依据边际变化做出决策。经济学中重点研究了边际效应递减规律，即其他投入固定不变时，连续增加某一种资源的投入，新增的产出或收益反而会逐渐减少。在市场研究中，边际效应思维还体现为递减之后的回归。例如，一段下跌市场趋势到达低位时，下跌幅度会逐渐缩小，随后市场趋势进入盘整阶段，再后来，很可能进入反转走势行情。

人们常说，"买消息卖事实"，其本意也是市场预期偏差处于环比边际效应变化的通俗表现。《周易·系辞》有言，"君子见几而作，不俟终日"，"几"是一个非常玄妙的状态，代表一定的预判性，强调在事态之初就可采取行动，这正是一种朴素的环比边际效应思维方式。在这种市场状态下，如能观测到极值往来变化的环比偏差，把握市场演变的转化节奏，就可能在市场博弈中占得"见几而作"的先机。

市场案例

动力煤市场走势的急速反转

2020 年 10 月下旬至 2021 年 1 月中旬的近三个月内，动力煤期货价格上涨幅度约为 35%。而见到高点之后，仅一个月的时间就将之前的大部分涨幅化为乌有。动力煤价格上涨的主要原因是：国内产量收缩；冷冬促使需求增长；中国进口煤减量。投资者在大涨行情中往往过于乐观，忽视多个因素边际效应的微妙变化。在动力煤价格上涨过程中，电厂大量补库使下游库存结构变化，气温回暖导致冷冬的概念松动，发改委也对高煤价表达了负面看法，所有这些边际变化预示着上涨行情的极值即将来临。

极值反转一旦来临，价格往往以更激烈的方式做出反应，正如图 6－5中深色区域内是行情的起点，一根大阴线不仅是市场价格跌势的信号，更是市场边际变化的印证。基本面与市场价格的双重信号，都体现了 CME 研究体系的高阶思维视角。动力煤价格的涨跌过程只是一个表象，本质上是基本面变化导致的多空能量此起彼伏的变化，价格上涨的过程中基本面逐渐变化，多头力量逐渐向空头转化，最终力量对比逆转，行情快速下跌。

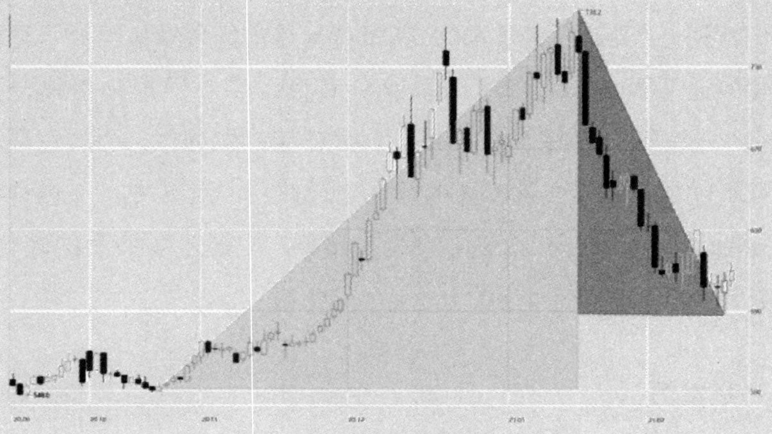

图 6－5 动力煤行情的快速反转

“物极则反，穷极则变”体现的是 CME 研究体系中重要且实用的预期偏差思路，不仅是观测市场趋势的高阶视角，而且是把握对市场极值回归变化背后基本面和市场情绪的理解。基本面周期和市场趋势往复的特点决定了市场极值回归的必然存在性。利用预期偏差来透视这一过程，可感受到市场脉动的部分先机。

总之，客观市场的复杂状况决定了不论多努力、多专业地进行主观研究，“未知”总是不可避免的。市场研究就是在有限的信息资源下做出判断，宛如“盲人摸象”。影响市场的因素众多，众多因素开始时大都处于隐形状态，随着市场行情走势的发展才逐步浮出水面。因此，建立贝叶斯思维的先验与后验理念就显得非常必要。我们可应用 CME 研究体系在现有的“已知”上建立先验假设，根据先验假设与市场反映的预期偏差不断调整和修正理念，之后形成持续的后验观点。固执己见是不切实际的，明智的做法是采用类似于巡航制导的跟随机理，明晰市场趋势的三个层次，把握主线，跟上节奏，过滤杂波，并对可能发生的市场极值回归保持敏感，这样才有可能取得“随时而举事，因资而立功”。

CME 研究体系是一个从发散到收敛的信息逻辑梳理过程。研究基本功强调不断扩充研究内容和丰富数据指标，这是无可厚非的，但是过度发散而不收敛则不可取。市场研究需要一个良好的过滤机制，这种过滤是一个比信息发散收集过程更难的方法。寻找和验证影响市场走势的主导逻辑就是从发散到收敛的研究核心，只有抓住主要矛盾的运行特征与变化，才有可能对市场研投判断产生有效指导。这一过程类似于二八法则和奥卡姆剃刀原理，也体现了“博观约取，由博返约”的思维理念。

建立从偏差到反应互动的 CME 体系，这样一套完整的思路和体系实属不易，在实践中做到知行合一则更是艰难，未知和变化是恒常的，无论是“新手”还是“老兵”都应对市场保有敬畏之心，匹配以“苟日新，日日新，又日新”的心态，方可触及市场的未知部分。

本章结语

- 人的认知圈都有局限性，人们总是走行在寻找由“已知”向“未知”的路上，差别只是各自行走的距离长短不一而已。

- CME 研究体系之要就是主动承认市场研究局限的必然偏差，更在于利用预期偏差寻求理解市场之“未知”，并动态修正对市场认知的状况。

- 市场研究应避免主观的先验判断，代以实证的后验调整，从而持续动态认知市场，这种调整过程就体现在预期偏差变化之中。

- 关注预期偏差这一核心变量，有助于在市场认知的有限条件下，利用“先验－后验”分析模式，较好地理解市场逻辑的运动轨迹，也体现出“实事求是”这一行事方式的底层思维。
- CME 研究体系应用贝叶斯思维方法，通过“假设－验证－应对”的多次循环收敛过程，动态地逼近较为真实的市场，最终达到“模糊的正确”状态。
- 借鉴于巡航制导系统的原理与思路，应在市场研究与策略交易之间建立起“跟上大势，踩上节奏”的某种自适应随动机制。
- 市场行情走势大都是杂乱无章的，通过信号滤波机制解构，可识别政策干预、供需演绎和资金博弈三层不同波叠加的市场状态。
- “太阴知少阳”是先哲贤达观察万物周期的深刻智慧，可帮助我们理解市场极值状态下隐性边际效能的微妙变化。

下篇

交易投资心慧与市场风险管理

本篇主要讲述市场投资交易心理和市场风险管理，如果将市场研究作为“知”的层面，交易心理和风险管理则可以被定为“行”的层面，市场运作强调融会贯通，力求“知行合一”。如果将“知”看成汽车的前驱，“行”就是后驱，只有“知行合一”，才能形成四驱越野赛车，方可穿越市场之漠野。

交易心理在于解读不同投资者的心态及人性在市场中的反应及如何影响市场变动。风险管理侧重论述市场风险之本原，以及市场风险对冲的运作理念和规则流程。

第七章
知有内外， 行有方圆

浅深各有值，方圆随所蓄。

——（宋）苏轼，《焦千之求惠山泉诗》

我们在认识资本市场时，不仅需要“往外看”市场，也要“向内看”心态；不仅要收集和整理外界信息，建立对市场的“外向”认知，更要从市场交易者内心维度出发，建立对市场的“内向”认知。市场的信息是无穷无尽的，任何一位交易者都不可能掌握市场的所有信息，但是通过自己的领悟，把握市场运行的本质，可以由内而外更好地理解市场运行。而实现“外向”到“内向”的转变，才是交易投资者成长的关键环节。

无用之用的“留白”

中国国画特别讲究描墨和留白。在中国的水墨画中，看似平淡的留白其实体现了高超的绘画技法，和墨黑巧妙搭配在一起，留白就有了特殊的韵味。

知识卡片

国画中的留白

留白是中国绘画独特的艺术表达技法，留白与描墨之间展示的是画家的意象与现实的景象相互融合，让观赏者感受到“意到笔不到”的魅力，体会到“空灵神韵”的妙境。从更深层面理解留白这一美学艺术，透视了传统文化底蕴，“计白当黑”的艺术技法契合了“知白守黑，得其玄妙”中国思想理念。国画中黑白情景交融不仅表达了“虚实相生”的辩证关系，还喻示了“有之以为利，无之以为用”超越场景的哲理之道。

正如庄子所言：“人皆知有用之用，而莫知无用之用。”这画中的留白就是无用之用，而市场交易心理就隐藏在这些留白之中。

交易心理所涉及内容虽然庞杂，但梳理起来主要有以下几个特点：

一是交易心理如同留白，平时感受不到，一旦实战起来，它却无所不在。市场中从研究到模型，从策略到头寸，几乎都需要建立在交易心态之上。交易心理就像画纸底色，构成了国画基调，更像建筑地基，虽然在地面上看不到，却支撑着整个建筑。

二是交易心理相关内容有些繁杂，不像一般学科有其连续性和系统性，用专业术语来说就是比较“离散”。交易心理所涉及的内容是比较宽泛的，不仅需要多层次的认知，更需要有市场实战的体验和触及灵魂的深刻感悟。

三是交易心理具有较强的主观个性化色彩，把这些“离散”的东西糅合出一条主线，取决于个人的市场经历、观察思考以及体会，不同的人会有不一样的看法，其经验也会有所不同。

中国传统文化提倡修身与养性，感悟与践行，这些文化精神恰好契合了交易心理的某些状态，可以引导我们深入理解和诠释资本市场，借用经典的思想和文化理念来解读市场交易心理状态，对我们提高专业素养、提升心理素质有较大帮助。

由内观到观人

金融市场以不确定性为基础，这点已被现代金融学证实。市场参与者就像摸象的盲人一样，只能通过试探摸索出局部形状，拼接构造出一个市场“大象”的大致形态（见图7-1）。让人头痛的是这只“大象”还会不断变异与进化，即便是优秀的投资者也不敢说自己完全了解“大象”，但他懂得如何借助自己和他人的不同视角综合来看待“大象”的变化。

市场参与者尝试通过多个途径去了解市场，包括市场基本面和技术面等。专业交易者不仅需要有较强的专业素养，还要针对心理层面不断学习与训练。一方面要去了解别人的想法；另一方面，要了解自己的想法，只有这样知己知彼，再加上一些专业认知，你或许能“摸”出这个市场的大概模样。

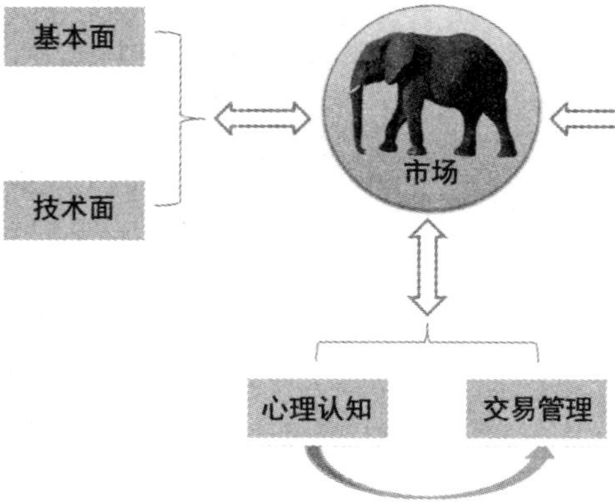

图 7-1 市场认知与盲人摸象

所有的交易都是依据我们对市场认知进行的，而不是依据市场本身进行的。我们的认知只是在市场上做了一个镜向投射，投资者投射在市场上的是什么状态，其便是基本按照这种状态与市场对话的，但这并不是市场的真实全貌。尼采曾说，“人们对事物的认识没有真实，只有诠释”，这些解释更多是依附于人们自身的经验积累和心理局限。所以说，我们很有必要去了解自身心态和群体心理在市场的投影变动情况，以及与市场真实状况的偏差的运动轨迹。

影响市场的因素大体可从宏观、中观和微观三个视角进行观察和研判，但市场诸多变化还涉及交易心理。市场运行是市场资金博弈的结果，资金争斗是通过市场群体行为完成的，群体行为是由市场情绪所支配的。如果看涨就通过买入来“投票”，如果看跌就通过卖出来“弃票”，这是在用钱来表决。行情变化、资金流动、群体情绪共同形成了一套互动关联的运营体系。

另外，投资者还要不断加强对自身心态的认知，尽量做到知己知彼。投资者要知道自己是一个谨慎的人还是一个激进的人，遇事比较敏感还是比较钝化。这些性格的差异都会反映在头寸操作和资金管理等方面。市场对人性的冲击是强大的，出现亏损的时候，懊恼的不仅是自己的决策，更多的是对自己性格的不满意，有的人会有意识去剖析自己，有的人则会选择逃避。“一旦损益触及灵魂时，交易就变成了灵魂的战役。”人本身都有自我保护意识，如果不愿意深挖自身内心深处痛苦的地方，我们将长期停留在低层面，无法迈上更高的台阶。每一次重大交易都是历练自身心态的过程，在市场中获利可以理解为当下市场对自身性格匹配的奖赏。

市场价格来自群体幻想

市场价格到底是什么?

我们每天都在同市场价格打交道，大家对价格形成的机制也都有各自不同的认识和解读（见图7－2）。实际上，市场价格本身就隐含了交易双方的心理影响。

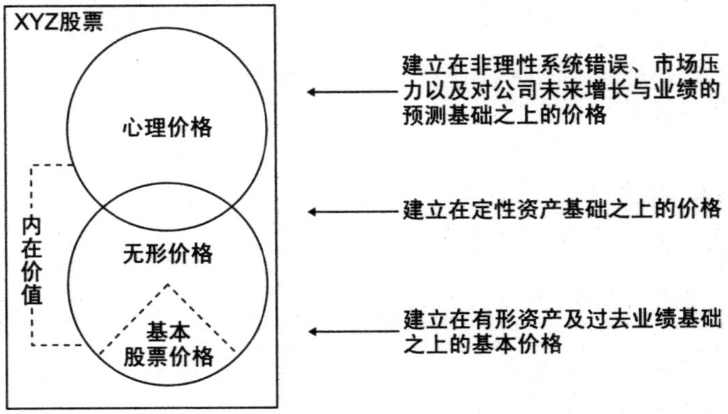

图7－2　市场价格的心理影响

墨子有一名言：“贾也，宜不宜，在欲不欲。”就是说，你买不买，在于其能否满足你的欲望。现代营销学解释得更直白，即“价格是市场群体幻想的结果”。以奢侈品为例，比如 PRADA 包、LV 包，它们的价格是怎么形成的？是众多购买者把它们抬起来的。一个小挎包动辄上万元，对于一个普通民众来说是难以接受的，因为这不符合他们的价值观和金钱观。但对于另一部分人来说这是可以接受的，他们认为 PRADA 包代表了商品使用价值之外更多的显性价值，就值这么多钱。这正是奢侈品消费群体共同“幻想”出来的，时常因价格高昂而趋之若鹜，出现奇特的“凡勃伦效应”。

知识卡片

越贵越买的“凡勃伦效应”

美国经济学家凡勃伦最早关注到一个有趣的商业现象：消费者对一种商品需求的程度因其标价较高（不是较低）而增加。商品价格越高反而越能刺激消费者的青睐，它反映了人们进行挥霍性消费的心理愿望。于是这种商品价格定得越高越畅销的商业现象被命名为“凡勃伦效应”。

我们再看看金融产品，如股票价格的构成。股票价格包括其基础价格部分，即通过一些定价模型，以未来现金流折现这类估值方法大致估算出来的价格，就是所谓的价格中枢；还包括股票的心理价格部分，它更多地反映出投资者预期评判的驱动。

市场群体构成了一个拟人化的主角，即市场先生（MR. MARKET），他经常上蹿下跳，有时心理价格部分偏差较大，导致股价明显低于应有的基础价格，此时巴菲特所说的投资安全边际就出现了。期货衍生品市场也是如此，通俗地说，大宗商品市场很像做皮毛生意的，现货是皮，期货是毛，毛是皮衍生出来的，期货交易者不仅需有“摸毛”的本事，还要有“观皮”的工夫。有些交易者同“毛”打交道的时间长了，就把“皮”的价值忘了，但是“皮之不存，毛将焉附”，做衍生品交易不可不观“皮”。

市场有效性质疑

传统经济学存在两个重要的假设偏差，一是强调商品供求之间简单的线性对应关系，而现实情况并不是如此；二是过于认同市场参与人是理性决策的，且不受预期影响。如供求模型、蛛网理论等大都是建立在这两个隐性假设基础上。市场经济运行了数百年，传统经济学的假设条件存在的一些大的漏洞越发明显，其不合理性被现代经济学家们不断纠正。

知识卡片

蛛网理论

英国学者尼古拉斯·卡尔多在总结前人研究成果的基础上，于1934年提出蛛网理论。这一供求模型引入时间因素描述商品价格和产量的动态均衡变动过程，因其均衡变动模型反映在二维坐标图上形如蛛网，故称为蛛网理论（Cobweb Theory）。该理论常用来解释生产期比较长，如农产品和其他初级商品的供求变动状况，揭示了本期市价由本期需求量决定，本期产量由上期市价决定的内在市场逻辑。蛛网理论对于研究期货和衍生品市场价格形成机制具有重要参考意义。

金融市场具有资产跨期配置的特殊功能，其市场自身就隐含了预期因素，不论是个体还是群体都交织在一起。现代经济学派名家凯恩斯早就关注了“非理性预期”对国民经济不确定性的影响。美联储率先使用“预期管理”，通过不时诱导和驱动市场的群体行为，以达到因势利导的显著效果。近年来，我国央行也学着用“前瞻性指引”模式开展预期管理，市场变得越来越预期化。

当你试着用供需和数据同市场对话时，市场却在用情绪和梦想向你“发起挑战”。资本市场中，不是所有人都能够一直保持理性，这样的例子比比皆是。以2015年间的股票市场为例，冲上6000多点后再跌回2000多点。当时四五千点时，市场就开始出现“万点不是梦”的类似梦幻说法，这正是市场和你在“聊梦想”。原油市场中，同样出现过此类景观。2008年国际油价冲上140多美元/桶时，国际金融旗手高盛还在为200美元/桶价位摇旗呐喊，结果油价突然如瀑布般跌落至每桶30多美元。所以，我们需要研究市场情绪，研究别人的情绪，同时也要管控自己的情绪，这就是为什么要去探究交易心理的原因，市场交易心理远比那些策略模型来得更重要。

市场案例

交易心理咨询

四十年来，以金融学、心理学、行为学、社会学等学科相互交叉为基础，“行为金融学”得以创建并长足发展自成体系。以此为理论指导，在欧美的市场实践中，人们越来越关注交易心理的重要性，不少专业人士结合市场经历深入探究交易心理在投资决策过程中的反应，并出版了有关专著。如美国马克·道格拉斯著有《交易心理辅导》；布里特·斯蒂恩博格著有《交易心理训练》，后者还是一位精神医学博士。

由此，在美国逐步发展出以交易心理辅导和培训的相关行业，笔者在芝加哥的商务大厦里就见过此类咨询公司。它们服务于市场周边的交易员，据说非常有效。这类机构从业者在交易市场至少有十几年的工作经验，熟悉实操经验和交易心理。交易心理咨询类似中医坐堂，采取挂号预约，提供心理咨询与疏导服务，预约服务的交易员也不少。

交易心理对我们来讲是一个新课题，我国的交易心理疏导还处于启蒙状态，当前国人并不是都愿意接受心理疏导。大众有一偏见，就是喜欢以成败论英雄，实际上失败经历也非常重要，知道问题在哪儿比解决问题更难。涉足这个行当的从业人员需要接收大量的负面情绪，也需要具备很深厚的底蕴。交易真正到了一定水平，非常需要心理交流，交流主要讲的就是心态。市场交易培训更应注意心理层面，而不只是交易系统层面，即使交易系统做得再精湛，过不了心理关也无法成功。

笔者之前曾与一个投资者进行过深入交流，也相当于给他做了心理疏导。这位投资者从事期货业务，交易做得“波澜壮阔”，从近百万元起步，一年内做到了八九百万元，随后又赔到了原点，这还是在期货公司强行止损砍仓后才留住了一些本金，当时他的情绪已经完全被市场击垮了。后来经过多次心理疏导，以及自我调整和醒悟，他慢慢地找到了自身的问题所在。经历这些磨难，他渐渐走出误区，重振信心，现在又做得风生水起了。

人脑的两种思维系统

从生物角度说，人脑是世上最精密的仪器，微血管循环稍有堵塞就可能引发大脑问题；从思维角度看，人脑的进化结构确定了人的思维模式。人脑主要由脑干、丘脑和脑皮层这三大结构组件构成。脑干和丘脑的神经区域部分负责人类的“喜怒哀乐”，人类受本能控制不可避免，具有强大的动物精神特质源，这一部分可被称为系统 1；大脑外部额叶皮层是人类从灵长类物种脱颖而出后进化出来的独特构造，负责我们的各种思维，这部分可被称为系统 2。人类几乎所有来自感官直觉的东西都源于系统 1，但人类特有的智慧则更多地积累在系统 2 上。系统 2 的运行需消耗大量能量。根据医学研究可知，大脑重量仅占人体的约2%，但所需能量占比却高达20%以上，这一比例在生物界是最高的。

知识卡片

人脑结构

人脑是人体中最为复杂器官，其中，大脑是人脑重要部位，分为两个半球构成左脑和右脑，二者由生物质神经纤维高度相连。人脑大体可分为脑基底核、边缘系统和大脑皮层三大区域功能。基底核主要负责如运动反应以及情感变化等本能性功能；边缘系统位于脑中部，负责动作调节、情绪处理等功能，其中杏仁核与海马神经组织是情绪影响和动机驱动重要回路；大脑皮层是以灰质表层多个叶状体组成，在经历漫长进化过程中，人类大脑发展出来独特的高级认知器官，主要负责思维意识和情感管理等功能。

综合来看，系统1具备感性、短视、快捷和节能等特质，系统2则拥有理性、规划、缓慢和费神等特征，两者相互关联。系统1的运行是通过一种神经介质多巴胺来传递信息的，比如，喜乐情绪高涨会产生大量多巴胺，并迅速传导，使心跳加快，兴奋不已。交易过程的盈亏变化也能激发多巴胺的放大效应。系统2的运行能促使人类深度思考，即需要专注“过脑子”。比如，当下阅读就正在启动系统2运行，通过专注书本内容，吸收外部知识能量，“充电存储”到大脑皮层间。

系统1和系统2之间是有互动的，所谓“一万个小时训练”理论，就是通过系统2长期思维训练所得的意识，从额表皮层的“有意识”渗透到丘脑的“潜意识”，甚至可抵达脑基核具备的“无意识”状态，从而增加系统1的良性负载。

这些大脑功能对投资交易也有一定作用。为什么交易前要做计划，因为计划是用系统2完成的，为了尽量克制交易被情绪影响，最简单的办法就是在交易前做好计划。但是，突发性的市场行情往往需要用系统1应对，专业交易者的系统1的直觉有时会非常准，那是交易者多年市场打拼练就的本领。投资大师索罗斯就善用此道，如市场不利时他会感到背痛，然后他会迅速调整其交易对策，这正是多年市场见识培养出来的直觉，也是其大脑系统1发出指令使其背肌紧张所致。人们常认为交易直觉总是不好的，但其实应该知晓直觉不利的一面，并尽量回避它，而不是总想消灭它，这是人性。明白这一点非常重要。

患得患失背后的心理

两位犹太学者卡内曼和特沃斯基将心理学研究引入经济学当中，创立了一个非常有意思的行为经济学理论，即“前景理论”，并因此获得了2002年诺贝尔经济学奖。该理论主要用于解释个人的决策行为的风险偏好，把传统经济学对人的理性假设做了符合常理的有效修正，这也是现代心理学对经济学理论做出的重要贡献。后来卡尔曼还写过一本通俗读物《思考快与慢》，该书的理论逻辑还是比较好理解的。

通俗来说，前景理论讲的是人在得与失之间不对称的感受，并引发了决策偏差，使效用曲线呈现出非线性状态。人们常说的见好就收、输红了眼、赢得起输不起、患得患失，分别代表了在损失与盈利不对等情况下心理偏好的四种场景（见图7－3）。“见好就收”就是人在得到的时候总想着避险，所谓落袋为安；“输红了眼”是指在亏损时更愿意赌下去，交易新手也总拿着亏单不放；“赢得起，输不起”说的是盈亏不对等；“患得患失”则是指盈亏平衡点会随人的感受而变动，如《论语》所言：“其未得之也，患得之，既得之，患失之。”

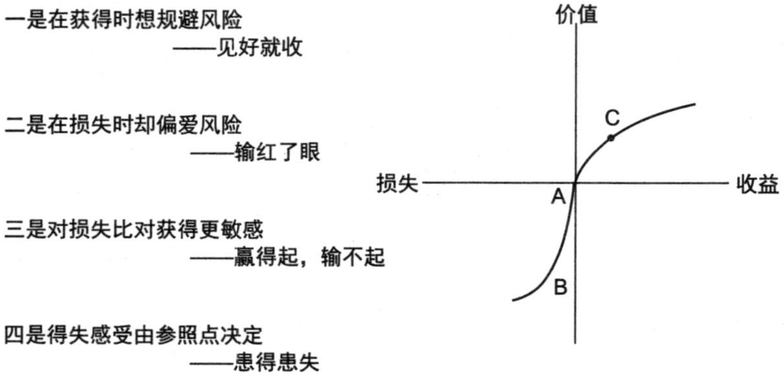

图7-3　前景理论与得失效能

通过观察得失效用曲线，可知得到东西的感受和失去东西的感受是不一样的。比如，丢掉100块钱的痛苦需要用得到250块钱的喜悦才能对冲掉，表现在你的效用曲线上，就是坐标原点其实是移动的。得了钱之后原点会变成C，而失去钱之后原点会变成B，你的效用曲线原点并不是一直在A点处。这在投资交易中也常见，如果以前有50万块钱，赚了10万元，你现在是以60万元作为原点考虑的；反过来说，如果亏了10万元，现在是以40万元作为原点考虑的。

人们常说的“舍得”正是前景理论的得失关系。人们企望对“舍”与“得”一视同仁，就是努力想把得失效用曲线非线性状态拉成直线状态，但常人是很难修炼到这种境界的，因为人性就是如此，你只能发现人性中存在的问题，尽可能地降低此类心态干扰。

个体自负，群体盲从

人们在得失感受不对等心理的驱动下，常会表现出被心理因素驱动的行为，这些行为被得失所惑，事后又往往显得非常可笑。作为个体，人往往具有诸多的心理偏差：

一是禀赋自信，简单说就是“因拥有而高估”。比如钢笔用顺手后会产生一定的持有依赖，如有人想与你交换这支笔，即便出价高于原价也不愿意。因为我们会对长期拥有的东西自发地增加了“持有溢价”，这种持有禀赋有时会让我们过度自信起来。投资过程中持有一个头寸越久，就可能越舍不得它，甚至出现大亏也抱着它，如行话所说的“同头寸从恋爱到结婚”。

二是选择过滤，人们大多喜欢自我认同，容易产生自欺欺人的偏向心态，从而导致对信息的选择性过滤。在资本市场中，你持有看涨头寸就会不自觉地想听到利好消息，就不断地寻找关联的利好因素来支撑自己的意愿，结果则是“偏听偏信”。

三是锚定幻觉，指的是人在估测时经常受某个特别参照点牵制，那个点会像“锚”一样把你定在那里，做出类似刻舟求剑的傻事。就像商业营销常以原价打折来锚定买方心理价位。金融市场价格走势出现的某个高点或者低点对投资交易者心理价位大都有一定锚定影响，常弄出一些诸如“压力位/阻力位”的臆想来吓唬自己。

四是热手偏好，这源于篮球运动，投篮连中时总觉得手感不错，认为下次还行。如市场交易顺手时，人们更相信手气不错，认定下次交易还有好运，以直觉代替分析，难免落入“追涨杀跌”的困境。

知识卡片

个体心理

个体心理是指个体在特定的社会组织中所表现的心理现象和行为规律。个人心理现象主要包括三方面特性，即认识过程（简称为“知”）、情绪过程（简称为“情”）和意志过程（简称为“意”），三者合一构成“知－情－意”立体的心理动态模式。德国心理学家卢因1951年提出了著名的个人行为公式：B＝f（P·E）。其中，B为行为，P为个人，E为环境，f为函数关系。心理决定着行为，行为影响着心理，两者相辅相成，互为关联。

了解人的个体心理特质，可知晓他人常犯的一些行为毛病，可以帮助人们读懂自我。其实个体心理偏差还包含很多方面，已逾九旬的投资大师查理·芒格就曾撰写过一本书《人类误判心理学》，他把人们存在的常见个性问题列了二十余条，以告诫人们应当充分关注。

当你和我单一个体联合起来形成“我们”时，群体心理效应又以完全不同的某一些行为特征表现出来。

知识卡片

群体心理

群体是人们以一定方式的共同活动为中介而组合成的人群集合体。群体心理就是分析和研究结为群体的人们共同的心理现象以及行为活动。个体在群体中的心理和行为会受到群体的影响，从而发生变化，出现诸如认同意识、去个体化、社会懈怠等常见的群体心理现象，人们在群体中会弱化甚至丧失个体理性评判，“人云亦云”，盲从跟随。现代资本市场是一个典型的社会群体开放性系统，众多个体参与者自发组成了各类市场群体，相应的是，从众心理行为在市场中也就屡见不鲜。

法国古斯塔夫·勒庞编著的《乌合之众：大众心理研究》一书，是社会心理学的经典之作，他以法国大革命为背景深刻剖析人性和群体行为的诸多社会心理特质，以及个体在集体意志裹挟下如何成为盲目、狂热和轻信的“乌合之众”的一员。该书对于我们如何了解人群、了解市场都有不少启示，这里重点选取以下四个方面：

第一就是信息串流，通俗来说就是市场谣传。根据社会传播学的描述：

传言冲击力 = 信息传播速度 × 重要程度 × 不透明程度

在当今社会，众多互联网和自媒体提供了快速传播信息的便利，社会上充满了各种各样的消息，其中不免包含不少谣传。这类传言在金融市场上往往来得更直接，时常会诱发市场的“羊群效应”。

第二便是轻信权威，人们大多认同“人贵言重”，认为权威可靠，愿意服从权威的明言与暗示，各种媒体常请大牌明星做广告便是如此。股票市场中普通投资者更愿意听从行业“大佬们”的指点，轻信他们的股评推荐。

第三是从众过激，从众行为是群体心理的典型特质，当下网络粉丝群现象就是这种大众羊群效应的表现。在股票市场中，从众现象更普遍，众多散户跟风交易不必多说，机构抱团投资也并不少见，比如时常弄出一个“十大金股”“漂亮 50”等冠以标签，给投资者营造出从众的场景。

第四则是舒适偏好，人们大都愿意以舒适的心态做出决策与行动，“听消息”“随大流”便是此种心态的具体表现，跟着群体一块儿走是人之天性，总觉得那样做比较安全，也比较舒服，所以跟随群体行动就成了大众最为便利的选择，“人云亦云”所表现的情绪性驱动也经常出现在金融市场中。

为什么会有这些群体心理偏差？我们可以用能量守恒原理来解释一

下。大众群体偏好舒适状况下的轻信和从众，这么做比较节能。前文说过人脑由两个系统运行，系统1是节能便捷模式，本能便自动切换到“不费脑”状态，系统2却是耗能迟缓模式，有意识思考是需要“过脑子”的。跳出常人认知的舒适圈去抵抗“羊群”从众效应的诱惑，这本身就是需要能量的，在此基础上再加上独立认知与行动，更需要大脑耗能，所以独立思考与行动是少数人经过长期耗能训练出来的能力，永远是在群体市场中的稀缺资源。

专业交易投资者与大众群体是有较大心理差异的，这方面可体现在公募基金评价模式上。大众购买者总是愿意在净值波动不大的情况下舒舒服服地把钱给挣了，公募基金为招揽生意也就想方设法去平滑收益回撤，以尽量满足基民们持有的舒适感最大回撤和夏普比率等指标可看成是基金持有人舒适度评价。但问题来了，市场本身是非线性变动的，盈亏比率也是非线性的，市场高手投资交易收益曲线大多是台阶式跳跃提升的，很少是沿着一条斜线爬升的。多数公募基金采用对冲手法努力改善夏普比率，但任何对冲都是有成本的，在降低收益曲线波动的同时也降低了收益。例如，8%～10%的回撤波动就可能产生30%～40%的收益率，而3%～4%平稳波动大多对应6%～7%的收益率。

专业交易投资好似职业赛马，其过程颠簸却能快速奔跑，驾驭它的自然也得是职业骑手。适合大众的产品更像是观光景区的马匹，温顺平和供游客们惬意骑行。显然，专业骑手的快速奔跑与游客的惬意骑行是两种完全不同的场景评价方式和预期目的。

资本市场就像是一个“讲故事，做故事，成故事”的舞台，展示了故事预期兑现与否的过程，众多市场参与者就像大批听众，他们在“听故事，信故事，跟故事”。讲故事的地方是开放的，台上的演讲者轮番登场，情节起伏，故事不断；台下听众走一拨又来一拨，进出不止。“讲故事”

的和“听故事”的市场人士都会受其心态和人性的影响，这正是应了那句话：“投机如山岳一样古老，市场没有新鲜事。”

专业投资心理品质

市场投资者具备的心理品质很大程度上决定了他的从业成就，这类品质能够支撑起投资者的有限理性决策思维。这种稳定的思维逻辑才是在漂浮不定的市场潮流中引航的指南针，不然即便有再好的装备和航海技术，也会迷失方向，甚至不幸触礁。

巴菲特深知心理品质对投资成败的影响巨大。2008 年，金融危机给资本市场带来巨大困境，而巴菲特在市场一片恐慌之际，凭借敏锐的洞察力和惊人的魄力大举购入高盛股票，最终获得了良好收益。洞察力源于独立思考，不受外界干扰；投资魄力则立于专业信念，敢于成为市场的少数派。

从巴菲特选择接班人的标准中就能看到他对这些心理品质的重视程度。尽管巴菲特倡导价值投资，并搭建起了一套投资运营体系，但对其后任者的要求，他并不强调有多么出色的分析能力和交易技巧，而更多的是从人性方面考量，他认为接班人不仅要有独立思考和情绪管控力，更要有对市场群体心理行为的敏锐洞察力。换句话说，巴菲特接班人标准讲究的也是“德才兼备，以德为先”，“德”就是良好的心理素质，如果心理素质不足，最终也可能会陷入“德不配位，质不载财”的窘境。

另一位投资大家索罗斯，在群体预期偏见易错认知基础上，建立了反身性理论，并在市场中成功应用。他认为资本市场充分展示出市场群体心理不断强化，并自我触发衰落的周期性变化过程，这类似于系统工程学提及的一种正反馈自增强性系统。正反馈放大了现实和预期的总体偏差，使市场趋向于不稳定状态，最终导致要用一个更极端的状态来调整。

索罗斯正是在把握市场反身性特征基础上建立了一系列交易策略并大获成功。从某种角度来讲，专业交易者更欣赏他，他所说的很多东西，刚开始接触时难以品味出其中深意，只有经过一段时间积淀后才会读懂其真言。随着对市场的理解不断深入，投资者越来越会发现这套投资逻辑与市场相当贴切，无论是欧美市场还是中国市场都是如此。

尤其可贵的是，索罗斯敢于否定自我，从错误中不断反省并成功找出投资机会。其反身性理论应用于资本市场“故事会”台上台下的情绪互动过程，具有容错与纠错效能，其中一经典案例就是反手加仓做空日本市场，如没有强大的心理支撑，这种机会即使出现也很难被及时抓住的。

本章结语

- 交易心理如同国画留白，是交易投资市场的底层色素，一旦进入实战，其将无处不在。
- 如果把市场比作大象，投资者便是摸象“盲人”。再优秀的投资者也不敢说自己完全了解它，只能利用自己和他人的综合视角来评判大象形态。
- “价格是市场群体心理幻觉的结果”，金融资产价格更是现实与预期混合体的标签。
- 大宗商品市场很像做皮毛生意的，现货是皮，期货是毛，毛是皮衍生出来的，交易者不仅需有“摸毛”的本事，还要有“观皮”的工夫。
- 人脑中有两套思维系统，系统1拥有感性、短视、快捷和节能等特征，系统2具备理性、规划、缓慢和劳神等特征。这两套系统在交易投资中同样重要。

- 人们的心理得失感是不对称的，会导致交易决策偏差。达到舍得一致是很难的，但通过不断修炼可以降低此类心理干扰。

- 金融市场就像是一个“讲故事、做故事、成故事”的开放舞台，需了解故事的来龙去脉和情节发展。金融市场本质是时空腾挪，玩的就是“七个盖八个缸”的轮转游戏。

- 专业投资应有自身稳定的心理品质以及感悟市场群体行为的洞察力，不然，可能会陷入“德不配位，质不载财”的窘境。

第八章
交易投资心理

闻道者百，悟道者十，行道者一。

谚语

心理因素对市场的影响确实比较庞杂。从根本上说，市场是人性多变量的复合函数，从交易心理角度看待市场变动，是市场研究和交易的更高视角。市场交易投资好似沙场点兵，但真实战争并非仅靠沙盘推演就能立于不败之地，唯有亲身进入这个战场，在刀枪剑戟间博弈，才能领会投资与交易的心态，又在心态磨砺中不断完善市场认知，寻找适合自身的交易游戏之道。

资本市场有一个“3M”的说法，就是“Market”“Money”“Mind”。前两个“M”偏重市场认知和交易头寸，属于外观性层面；后一个“M”则突出交易心态把控，属于内观性层面，强调不仅要有稳定的内心，而且要学会观察市场群体心态。这 3 个“M”在实际交易投资构成整体框架原则，但层次有别。“Mind”权重最大，是支撑“Market/Money”的根基，在交易投资过程中占有主导功能。为此将多视角探讨交易心理（Mind）相关特性。

概率是窥视上帝造物的潜望镜

市场的各色投资者因个体能力高低会有所差异，但每个投资者均有其自身的局限性，这就导致人们在市场参与过程中具有不确定性。如何面对这类不确定性，就需要我们学会应用概率思维来观察市场。

市场不确定性正是源于市场众多参与者的认知局限性，借用量子力学的说法，就是市场是“测不准”的。现代物理学认为量子运动轨迹是测不准的，一是因为量子波动难以被测量，二是因为用于测量仪器以及观察者自身就是不准的。所谓“波粒二象性”引发波中粒子在时间、位置、动能和角度等多方面都难以准确测量。开放式系统的金融市场也是如此。

当我们观察市场时，首先应注意到的是市场波动中各种扰动因素难以观测；其次若我们置身于市场之中，人性特质同样会干扰我们的观测。正所谓“不识庐山真面目，只缘身在此山中”。市场客体和人自身主体都在变动，市场自然也就测不准。

概率思维为我们提供了一种观察市场变动的可能。西方有句名言：“概率是窥视上帝造物的潜望镜。”概率兴起其实就是从研究赌博开始的。早在文艺复兴时期，达官贵人们就喜好赌博游戏，为此，曾专门聘请意大利数学家卡尔达诺进行研究，后来他写了《论掷骰游戏》一书。随后，法国人帕斯卡和费马又对该书理论进行了发展与完善，为后世留下了一整套的经典概率学理论。在这点上还真得给赌博记一功。

知识卡片

概率论的起源

概率论是一门研究事情发生可能性的学问。有趣的是，初期的概率竟然产生于欧洲古老的博弈游戏（赌博）。随着17世纪以来科学和社会学的发展，人们注意到许多自然和社会现象都与博弈游戏有某些相似性。由此，概率论从个人爱好起步，历经400多年各时代众多天才学者的不懈研究与持续推进，将古典概率论、近代概率论、现代概率论，逐步发展成一门严谨的学科。正如法国数学家拉普拉斯所言：“一门起于研究赌博机会的学问，能够成为人类知识中最有魅力学科之一，这无疑是令人惊奇的事情！”如今，概率与数理统计不仅渗透到人类社会众多领域，还拓展了人们对事物认知的公理化思维方式。

应用概率方式思考可以使我们更贴近此类测不准的资本市场。概率思维主要有哪些方面值得我们关注呢？具体来说至少应关注这几点：一是统计度量、后验偏差、时序回归和预期效用等，这些数学专业术语可能对众多交易投资者来说比较陌生，它们的核心要义是从“可能性”出发思考市场。可能性含有多重选择和演变过程，市场并非有 A 就有 B、有因便有果的线性世界，市场的高流动性更容易让人们产生某种线性关系的误判。

二是尽量寻求高可能性的市场机会，但即便此次交易操作有八九成把握，仍有可能会掉进一二成不确定的亏损中，交易者必须接受这类“不走运”的状况。

三是只有保持在市场中“活着”并持续交易下去，才有机会在长期交易过程中发挥多次统计概率的作用，不然你就只是一位市场临时过客。

人类如果只做确定的事情，社会就无法发展到今天。现代社会不断为人们的衣食住行等方面营造出一个较完备的人工世界，当人们长期沉浸于所习惯的确定性环境之中时，就会忘记这个世界不确定性的必然。比如，航班晚点会让不少人变得焦虑，实际上乘机延误受众多因素影响，其不确定性也是自然的，其实，参考统计的长期误点率来推断航班的到港时间可能是更靠谱的方法。这正是建立在统计验证和偏差回归基础上的预期选择。

市场并没有什么可追寻的确定性“圣杯”，更多的只是对可能性大小的评判与应对。久浸市场的“老江湖”们深谙此道，他们很少会以确定词语描述市场变化，常用“或许”“大概”等词来表达，事实上这才是市场真实的状态。

一致性持续规则

交易投资的最重要的原则就是“一致性持续”规则，体现在观察市场周期的一致性，也体现在进出市场规则的一致性，更体现在交易心理持续的一致性。比如，如果入市看法建立在日线周期上，投资者就要容忍日间的杂波躁动，努力保持基本定力，随波逐流是无法保持规则一致性的。

任何一笔交易都有赢钱的可能，也有输钱的可能。交易者赢了一把可能只是偶然，什么叫偶然？通俗说就是“撞大运”，只是单次交易的偶得。只有多次交易后还能持续盈利，才能反映出你赢钱不是偶然，而是必然。持续性盈利并不是说每次都赢钱，而是在有赢有输的积累过程中，最终整体有所收益就足够了。只有在市场中持续存活下来，才可能获得某种迭加汇总（Σ）的结果。从概率统计角度来讲，建立交易投资系统，应将实现不断重复集合期望值为正（$\Sigma>0$）作为目标，即使其间有盈有亏。维持这一系统需要一致性规则和一致性操作，保证集合体（Σ）可以实现从1到n的持续性。

知识卡片

期望值

期望值（EV）是概率和统计学的一个重要概念，即一个随机变量的期望值是变量的输出值乘以其概率的总和。换言之，期望值是该变量输出值的平均数，综合不同情景中可能发生各种结果以及各种结果发生的概率或可能性，利用期望值高低以判定相应情景可能产生的有利或不利结果。在市场交易投资中，分析比较多种可能场景的因果权重，持续估算期望值累积变动过程是非常实用的。

一致性持续原则还有一项重要效能，就交易投资者在知行互动过程中有机会去积累经验、改进方法，没有一致性持续规则的交易是杂乱无章的，就像“有积无累”的一堆砖头；有了一致性持续规则的交易就有章可循了，如同“有积有累”地砌成砖墙，最终建起遮风挡雨的房屋。

从现代数理统计观点来看，一致性持续规则还体现了贝叶斯概率思维模式。在不确定性环境中，事前发生的先验假设是可以用事后发生的后验状态进行不断调整和修正的，可理解为“后验 = 先验 × 调整因子”。你所看到的市场状况都是先验的“第一印象”，需要依据市场延展的“第二印象”后验校正，随后还有“第三、第四印象”等有待持续验证与调整。这一系列的前验与后验“印象”就构成了一组“连环画”，展示出市场“故事”的演绎进程。

一致性持续规则就是让交易投资者在预期偏差的验证过程中，尽可能保持与市场趋势和节奏的相对同步，通过交易行为的多次动态采样修正，将若干个可能性集合在一起（Σ），最终取得总体的交易盈利。所以，一致性持续原则不仅展现了时间序列对本金增值的累进过程，还隐含了经典的凯利公式中交易概率与频率的神秘关系。

市场案例

神奇的凯利公式在市场的应用

凯利公式是在保持净收益期望值为正的情况下，以独立重复投资可获得本金长期增长的投注优化策略。凯利公式可理解为：

投注比例 =（胜率）–（败率/赔率）

有意思的是，该公式最初源于美国贝尔实验室的一个研究课题，拉里·凯利在香农信息论启发下，于1956年发表了论文《对信息传输速率的新解释》。凯利一位同事爱德华·索普将公式应用于21点游戏中，击败赌场庄家，随后以凯利公式为指导方法转战华尔街市场，从市场大量数据中寻找定价偏差的投资机会，并配以不同相关性投资资产对冲风险，取得了战胜市场的持续收益，索普被公认为“量化投资”之父。

业余与专业资本交易的区别，在很大程度上就表现在“偶然”和“必然”的差别上，业余者或许也能赚一次大钱，但专业者则需用持续性“盈亏”累积来赚钱，其间出现多次亏单也是必然的。如果能树立这种理念与观点，交易中的得失感就不那么鲜明，就能保持一个良好的心态，这对交易投资者能力提升是至关重要的。

善败者不亡

盈利与亏损是市场交易“投币”的两面，亏损是必然存在的，可以把它当成“做买卖”必要的成本，这就是金融市场常说的“盈亏同源”。

很多刚入行的市场参与者，很难接受亏损观点，跟他讲亏损、讲风控，他们往往听不太进去。但是这一关过不去的话，就可能亏得更多，因为如果面对一个客观的、必然的事实都不愿意接受，那他会接受什么样的后果呢？所以，如何接受必要的亏损是交易心理的重要通关之口，跨不过此关也就难以进阶。笔者认识一位交易老手，他在经历多年磨炼之后给自己定了一个规矩，就是每次交易事先都设定好亏损额，尽管连续亏钱，但只要在亏额预算之内，就依旧坦然乐观，真正做到与市场“从容起舞”。正是因为悟出此道，他的财富才一路升值。

交易一致性原则既要有从容心态，又要有“心理复原力”来保障。复原力是现代心理学一个观念，说的是人们从困境中恢复常态并适应外界压力的反弹能力，代表了从消极情绪中快速恢复过来的韧性，即所谓“百折不挠”的境界，这种品质是需要长期历练的。

经过长期历练，交易投资者应以以下观点为目标：

屡败屡战——心理复原力

挫折教育——善败者不亡

容错能力——煎熬与磨炼

曾国藩当年带兵同太平军作战时常吃败仗，事后身边参事写奏折非常为难，将奏折呈给曾国藩审阅，曾国藩看罢仅改了两个字，把战报中的“屡战屡败”改成“屡败屡战”。折子呈到朝廷，朝廷非但没有责难他，反而给了曾国藩一个“大点赞”！这个例子说明曾国藩具有很强的心理复原力，尽管连吃败仗却能很快恢复过来，“千秋邈矣独留我，百战归来再读书”，这就是靠久历沙场练就出来的。

挫折教育实际上是一种知行教育的有效方式。现代社会为人们营造出了一个舒适的温室，久居之后容易忘了真实世界的不确定性。青少年在此温室中被过度呵护，父母们不愿意孩子经风见雨，更谈不上“挫折教育”了。然而，挫折本身就是常伴人生的，如果年轻时遇到点挫折就爬不起来，那以后遇到更大的挫折怎么办？“诗和远方”首先需要有底蕴与之相匹配，不然就难以跨过心理沼泽。

年轻人在可承受的范围内经历摔打，就是在可控范围内“止损”的人生投资，这些成本是青少年经受历练所必须付出的，而且，在人生旅途中这是较小的代价。否则，从未经历适度挫折教育的年轻人，长大后遇到一些困境就会难以应付。经历失败并不可怕，怕的是失去抗压的心理复原力。失败经历本身就是一种良好的经验与教训，人生不可能完全一帆风顺，人生如此，市场也如此。

面对市场亏损，不仅要正视它，而且要主动应对它。如诸葛孔明所言“善败者不亡”，既然亏损不可避免，就不可无视，也不可放任。我们要做的是学会与亏损共存，学会如何去识别造成亏损的场景，学会如何去管控账户亏损。从亏损失败中积累反向经验，从错误交易中审视知行问题。常言道：“吃一堑长一智。”但是不少人“吃几堑”也未必能“长一智”，因为在“吃堑”与“长智”之间不仅需要梳理、总结、提升等沉淀，还需要修身和领悟等素养。

市场中有不少看似诱人的“玫瑰陷阱”，如“摸顶抄底”“频繁交易”等神操作，“老猎人”凭借多年的成败经历，知道哪儿有大险，行走时就会尽量避开它，体现出“君子不立危墙之下”的风险意识。查理·芒格有一忠告：“如果知道自己会死在何处，我就永远都不去那儿。”这是一种“从死向生”的思考方式，丰富的阅历让查理不仅能识别出常人常犯的错误，而且能把握住自己不受“市场先生”的诱惑。

面对市场的不确定性，专业交易投资者最终大多会形成从试错到纠错的一整套容错交易机制，交易容错成本是必然存在的，这是基于“盈亏同源”基础上“得失随缘”的心理从容，也是建立在“挫折复原力”基础上更高层面的心理境界。投资大师索罗斯的纠错与容错能力就特别强，曾经有过不少纠错的案例。当索罗斯意识到原有市场逻辑正在被一个隐性的市场逻辑所更替时，他能在短时间内反应过来，并迅速纠正仓位，用更大头寸反手交易。在这种情况下，没有强大复原力的投资者是绝对做不到的！

市场不确定性让亏损成为必然和合理，这不仅要理解交易账面的盈亏变化，还需要我们从心理层面去坦然接受。“月有阴晴圆缺，此事古难全。”建立交易规则的容错机制就是这种“求缺思维”的体现。曾国藩就对“求缺与求全”有着深刻的领悟，并将自家书斋取名为“求缺阁”。“全者即得，而吝与凶随之矣”，盈满是短暂的，盈满过后便会向亏损转化，但欲望幻觉往往会让人忘却常态之缺。“求缺思维”对亏损的认知有其存在的必然性和合理性。

知识卡片

曾国藩的“求阙阁”

曾国藩是中国近代历史颇具盛名的政治家、军事家和理学家，他一生丰阅，满腹经纶，功成名就，却将所钟爱的书房取名为“求阙斋”（阙，同“缺”），并著《求阙斋记》表文。“天地之气，阳至矣，则退而生阴，阴至矣，则进而生阳。一损一益，自然之理也。物生而有嗜欲，好盈而忘阙。”盈满是短暂的，盈满过后便会向亏损转化，但欲望往往会让人忘却常态之缺。曾国藩常告诫家人“君子求阙，小人求全”，体悟“求缺”的心态，践行“势不可使尽，福不可享尽”的智慧之道。

投资者大多偏好完美交易，总是奢望自己可以把握市场走势，结果可能是为此要付出更多的亏损。市场中有缺憾是很自然的，如果刻意去“抄底摸顶”就是在责己求全，以自身的“求全之幻”应对市场的“求缺之实”，岂有不败之理！凡事不必求全，抱残守缺才是正道，“模糊的正确远胜于精确的错误”，这句话生动地描述了成熟交易投资者的“求缺思维”，可使其在市场博弈过程中避免不少重大“吝凶”。

投资交易本质上是在有亏损的“求缺”状况下寻找机会，一边是亏损，一边是收益，两者之间都需要强大的心理来支撑，而这份心理素质是需要持续历练的。有一个“船王教子”的故事就很能说明这个问题。

市场案例

船王教子

一位西方船王拥有富可敌国的资产，希望儿子继承家业。船王采用了一般家长少有的方法来调教儿子：让儿子去赌场玩牌。第一次，儿子还没弄明白规则，就输光了父亲给的1000美元。船王让儿子在公司打工数周以赚取下一次赌资（让其子体会到金钱的由来）。第二次，儿子开始赢到一些筹码，但最终还是亏钱出场。多次反复之后，儿子谨遵父亲的教诲，不仅输了一定的钱后要停手，赢了一定的钱后同样必须停手，面对再大的牌桌诱惑都必须离场。两年后，儿子在赌场已能收放自如，于是老船王决定将家业传给儿子。儿子说："我还不懂公司业务呢。"老船王道出真谛："你以为走进赌场是要赢谁？你是要先赢了你自己！控制住你自己，才是真正的赢家。世上很多人的失败，不是因为不懂业务，而是控制不了自己的情绪和欲望。"这才是所谓的"行于所当行，止于所不可不止"的境界。

老船王通过实操模式锻炼儿子心智，使其认识亏损，接受挫折，控制自我，懂得投入。古人云："快于意者亏于行，甘于心者伤于性。"这对市场参与者有启示作用，多数交易者都对类似"船运业务"的市场研究关注得过多，对交易决策心理却理解不足，这样，在交易过程中就难免意气用事，进行情绪化操作。市场交易游戏的根本法则就在于风险管理，风险管理的核心定位则在于从亏损角度考虑市场问题。只有正视亏损，才可能管控亏损。常言道："善战者先不败而后求胜"。只有树立起这种"先讲风险后谈获利"的正确交易心理，才可能做到"截住亏损，让利润奔跑"。

瓦注者巧，金注者昏

为什么稳定的交易心理在投资交易中会有如此不可替代的重要作用?《庄子·达生篇》有一段精彩论述:“以瓦注者巧，以钩注者惮，以黄金注者昏。”“以瓦注者巧”，指的是用瓦片来下注，人们可以将下注技巧发挥得淋漓尽致;“以钩注者惮”，以铜钱为筹码下注，人们就会有所胆怯;“以黄金注者昏”，如用金子来下注，人们大都会方寸大乱、昏招频出。说得多到位!

庄子把这种心态称为“外重内拙”，因下注时筹码太大，人们就会退缩与胆怯。市场投资与交易何尝不是如此!筹码不同，心理承受的压力也不同，交易实操往往也会出现不小的偏差。例如，模拟交易和实盘操作存在巨大的不可比性，究其根源正是“以瓦注”与“以金注”之间的心理差异。我们进行一场景假设，把一块桌子宽窄的长板放在地上，让人走过去，结果自然是人们闭着眼睛也能轻松走过去，但如果把长板架在两栋楼房之间，估计就没人轻言敢为了。环境变了，心态也变了。如何去磨炼自己的心志?这如同高空作业一般，需要从地面开始一点点地加高，一步步历练。初始阶段多摔几次往往是幸运的，因为那时的成本是最低的，只有慢慢练习，最终才可能练就在高空行走的心态。所有参与者都躲不过“下注”的心理关，但可以通过不断实操练习，逐渐学会在外界因素与情绪的干扰下，克服自身恐惧，保持内心平和，努力将“输瓦片”和“输黄金”同等对待。

一旦克服自身恐惧，便可审时度势，平视市场的波动和趋势，当稀缺的大机会来临之时方敢下大注!例如，索罗斯的弟子斯坦利·朱肯米勒经过严谨研究，在某一金融资产上持有近十亿美元的交易仓位，且这笔投资已有盈利迹象。索罗斯与斯坦利·朱肯米勒充分交流后不屑地反问:“这也叫头寸?”并鼓励斯坦利将头寸增加数倍，结果该笔大交易获利惊人!这个“段子”后来成为华尔街市场流传的经典案例。索罗斯的高超下注心态使斯坦利从中受益良多，搞明白是对还是错并不是最重要的，搞明白对的时候能赚多少、错的时候会亏多少，才是最重要的。

再看看巴菲特的投资风格。统计观察伯克希尔·哈撒韦公司近些年持股结构状况，十大持股在总市值中平均占比约七八成，往往第一位的持股占比远高于第十位持股占比十几倍，个别年份高达三十多倍。这充分体现了巴菲特的投资观点，他认为“好机会并不常见，天上掉馅饼时请用水桶去接而不是用汤勺”，最重要的就是敢于抓住大机会。

资本市场运作风格与理念常有分散投资与集中投资之争，这实际上源于对市场有效性的认知差异。分散投资基于强有效性市场假设，认为市场的机会呈现正态分布，希望通过分散仓位覆盖市场上大部分的机会。然而，人性的偏激行为使市场时常处于弱有效性状态，市场机会并非均等，大机会往往是稀缺的，表现为幂次分布状态。大师们的投资交易风格也是按幂次分布状态来进行投资组合的，这样才可能与真实市场机会相匹配。这两者的投资理念差异不仅取决于高超的专业能力，更依赖超强的心理素质，从某种意义上说这也是业余与专业交易者的差别。

知识卡片

幂次分布

幂次分布法则（Power Law），在统计学中，表述两个变量之间具有某种对数函数关系，即 $\log[R(x)] = \log(a) - b \cdot \log(x)$，代表个体规模和其名次之间存在着幂次方反比关系。幂次分布不同于正态分布，往往呈现出分散个体互动、阶层式结构、不断派生新奇现象和动态演化过程等特征，形成少数占有大数、极小可以改变极大的非均衡状态分布规律。我们常说的“二八法则”“马太效应”等现象都是幂次分布的通俗表达。幂次分布广泛存在于自然科学和社会科学领域的各类复杂系统之中，资本市场也不例外。

不少散户常受“市场先生”的诱惑，喜欢持有一堆股票，却难以获大利；而专业投资者练就出的市场定力，倾向在特定时期重仓持股。印证了“洼则盈，敝则新；少则得，多则惑”的理念。从军事角度来看，集中投资模式类似于运动战打法。通过穿插迂回策略，主动调整战场布局，实现“集中优势兵力，歼灭有生力量”军事战法，这一作战策略在我军历史上得到了充分运用，并取得了出色战绩，达到了“以正合以奇胜”的显著效果。正如《孙子·攻篇》所言，“用兵之法，十则围之，五则攻之，倍则分之，敌则能战之”。

投资交易的专业“下注”大体可分为三个方面：资金管理、头寸管理和开平仓管理。资金管理关注的是资产配置，属于战略运筹层面；头寸管理强调的是交易策略，属于战役布局层面；开平仓管理讲究的是市场节奏，属于战术技巧层面。显然，大资金投资注重资金管理与头寸管理，看重协作和配合，如同军团级作战；中小资金更关注头寸管理和开平仓管理，突出动机和执行，类似于连团级战斗。其中的头寸管理则是所有资金不可不考虑的应变课题。

站得高，看得远，跟得住

交易的认知格局很大程度上决定了观察市场的视野广度与深度，市场视野决定了交易的心理状态，心理状态决定了对市场趋势变化的理解，趋势变化则决定了交易操作的应对方式。可见，从格局到交易就像是一个由高阶认知转化为低阶执行的降维运作过程，格局与视野基本界定了市场参与者的交易投资水准。

什么是格局和视野？“不谋万世者，不足谋一时；不谋全局者，不足谋一域。”毛泽东的格局和视野，在一定程度上也决定了中国革命的发展历程。当年红军长征开始时，有二十余万人马，历经艰辛最终抵达陕北者却十不存一。面对如此之大的折损，一般人哪儿还存有气魄，但毛泽东却写下了气势磅礴的诗篇《长征》，跨过高山峻岭、大河险流是细浪泥丸，“万水千山只等闲”，代表了一代领袖宽广的心态格局。

市场案例

“时间换空间”与“空间换时间”方略

抗战初期战局严峻，国人弥漫着“速胜论”和“亡国论”两种不切实际的论调。毛泽东站在历史的高度审时度势，从军事、政治、国力和地缘等众多方面客观分析了抗日战争，完整说明了抗战为什么是持久战，怎么进行持久战，提出“以时间换空间”持久战争方略，撰著《论持久战》。抗日战争的时局发展也真如其所言，从中能看出毛泽东当年高瞻远瞩的政治格局。然而，到了解放战争时期，因国际环境、国内形势和军事对比等方面与抗战时期大有不同，毛泽东审时度势地指出“抗日战争快不得，解放战争拖不得”，倡导“宜将剩勇追穷寇”，仅用三年时间就完成大半国土统一，实现“以空间换时间”的另一战略格局。

伟人的格局与视野，对在资本市场中进行交易投资的我们仍有指导意义。市场参与者的心态格局大小，体现在投资交易的视野，也表现在投资交易过程中对待市场波折的韧性上。如我们坚信中华民族复兴大业的必然发展，沪深 300 指数基金就是一个不错的投资选择，十多年来该指数复合收益率超过 12%，意味着持续 7 年便可翻倍，但问题在于我们是否拿得住、拿得久。站在年线看周线，立在月线看日线，那些期间的波动也不过是长征中的“细浪”和“泥丸”。投资长远的“赛道”和伟大的“赛手”都是要有信仰、坚守和运气的，这些投资品质背后更需有一颗强大的心！

有了市场认知大格局，才有可能寻找出市场大趋势，具备跟随大势的信念，这些都需要建立在坚实的交易心理基础上。孟子曾言：“虽有智慧，不如乘势；虽有兹基，不如待时。”这体现了中国传统文化“借势而为”的理念。趋势隐含时间与空间两大因素，再加上人的因素，基本构成了天时、地利与人和“三态融合”。其中，天时是最要紧的，因为时间决定了时与势，“顺势者昌，逆势者衰”，地利与人和都是在此之下的状态。

春夏秋冬，四季更迭，乃是自然规律，非人力可以掌握，考虑时势的核心要素就是尝试以自然规律的视角去观察趋势，这样偏差至少不会太大。立势之策是需要有良好心态支撑的，司马光在《资治通鉴》中有段精彩论述：“其要有三：形者得失之数，势者进退之宜，情者心志之实。”这三个层面中情绪心理最为重要，在市场能否把握住趋变的形和势，主要在于交易投资者的“情商”能否与市场匹配。交易投资策略模型无论选择主观交易还是量化交易（量化交易也躲不掉心理因素），都要有良好的交易心理作为基石。

刚来而下柔

看懂趋势是为了跟随趋势，如何领悟跟随要义呢？《周易》给了我们有益的启迪——随，刚来而下柔，动而说。随，大亨，贞无咎，而天下随时。随时之义大矣哉！“刚来而下柔”，强调趋势刚劲，应以主体而动，柔者善随，否则就跟不住了；“动而说”，体现在相随乐动，主动跟行，故受之以随；“随时之义大”，告诫人们应审时度势，随时而举事，因资而立功。

“顺势而为”乃是跟随的高境界，并非如顺流而下，一马平川那般轻松。当年的万里长征充满艰辛和危难，但“道路是曲折的，前途是光明的”，跟随长征就是跟上了大势。

百余年来，资本市场的趋势投资交易一直是主流派。20 世纪美国投机大师利弗莫尔说过，“大钱只存在大势之中，大钱是坐着守来的，不是操作赚来的”。这话讲出了市场交易的精髓。中国也讲究“无为无不为”，它并非常人理解的不作为，而是“乘势而为”，趋势来时，应之，随之；无趋势时，观之，待之。

跟随市场是一门大学问，格局、视野、信念、坚忍一个都不能少，“守得云开见月明，静待花开终有时。”说时容易做时难，是否能够跟得上、跟得住、跟到底，没有强大的内心能量作为支撑和驱动，是不可能的。以腾讯为例，得益于中国巨大的互联网市场的大势驱动，上市后升值高达 300 多倍。这十多年内能看得明白，更能坚守持股的投资者并不多见，即便是马化腾自己也多次在股票低谷处减持。

万物并作，吾以观复

事态趋势从来都不是一帆风顺式地展开，趋势多以周期变化和螺旋发展的表现形态推进。《道德经》中的，“万物并作，吾以观复”，也道出了对事物周期常态变化的深刻认知和对周期变化的内在驱动。

市场的周期特性展现为各色各样的定义和描述，如经济周期、信贷周期、产业周期、企业盈利周期、投资情绪周期等，周期内容不同且周期长短也不一。其中，投资情绪周期就是由市场参与者群体心理偏好引发的，再叠加市场反身性效应，往往会给金融市场带来巨大冲击，甚至可能影响到实体经济层面。国内 A 股市场就有一个有意思的现象，差不多每隔七八年就会来一次市场情绪周期，其中一个原因就是 A 股市场有大量散户进出，“后浪推前浪，一代新人在成长”，导致国内股市整体的情绪化估值呈现周期性特征。

我们都熟知巴菲特的名言——“在别人贪婪时恐惧，在别人恐惧时贪婪”。如果有过从沮丧到亢奋多次轮回的市场经历，就能体会得更深入些。首先，我们要有能力判断出市场众生是否处于恐惧的沮丧状态中；其次，还要有能力抵抗市场沮丧情绪的感染；最后，更要有能力抓住市场恐惧情绪所给予的机会。从这三个层次或角度看待市场情绪，才算理解了这句话。但是要将此理念付之行动，需要的心理能量是巨大的，这就是巴菲特选择接班人时要突出强调市场心理的洞察力和自控力的原因。

周期理念在中国传统文化和思维中占有重要地位，遵循了自然运行的朴素世界观，而且此世界观在我国商业领域还取得过巨大成就。司马迁的《史记·货殖列传》中就记载了多个经典案例，这也是历史上少有的经商大师著作。历史名家陶朱公范蠡，被后世誉为“忠以为国，智以保身，商以致富，成名天下”。范蠡深知世间万事的周期运行之道，在功成名就之时选择急流勇退，转而经商，终得良局。陶朱公将周期思维娴熟地应用于商场，洞察规律，据时而动，逆向运作，得失均衡。“夏则资皮，冬则资絺。”就是说，在盛夏时去备存皮毛货，在严冬时来准备布料，一则皮与布在反季期间价廉物美，二则皮与布在正季期间需求巨大。一出一入，显示了陶朱公择时而为的商业交易思想，更体现出其“知斗则修备，时用则知物”的超然物外的豁达心慧。

知识卡片

《史记·货殖列传》

“货殖”乃指“滋生资货财利”谋以致富，即利用货物的生产与交换进行商业活动，从中生财求利。《货殖列传》出自西汉史学家司马迁的《史记》，是首部为商人立传的史籍。其主要内容包括根据物产状况划分出数个经济区，经商需关注风俗习惯，重视民情，还介绍了自先秦到西汉的多位大亨的经商之道，书中还强调了经济发展的多样性。“天下熙熙，皆为利来；天下攘攘，皆为利往。”《货殖列传》肯定了商人对经济利益的合理追求，反映了司马迁的社会经济思想和物质财富观念，其诸多经商观点至今仍然精彩绝伦。

在市场中，交易投资的第一要务是跟随趋势，择时而动也是重要的。通过观测市场情绪变化周期，可以适当提高“随上市场大势，踩上市场节奏”的有效性。股票市场流传着某些误识，认为优质白马股理应“以时为友，长期持股”，鼓吹无须择时，这是无视市场周期变化的“鸵鸟思维”。纵观 A 股市场公认的白马股长期走势，以贵州茅台为例，其长期趋势上涨是确定的，但趋势之下股价周期调整也是确实存在的。如果 2007 年下半年投资者买入后长期持有，需等到 2015 年市场高歌猛进时才有少许盈利，尽管这七八年间茅台业绩也在增长，但仍然逃不过市场情绪的估值周期，业绩刚性增长与市场估值并无必然的线性对应关系。另外，金融类的招商银行、地产类的万科 A 等大白马也都如此。所以，对于二级股票市场的专业投资者来说，只说“时间的朋友”，不讲趋势周期之变，盲从择股不择时并不是一种理性的做法。

自古以来，商品市场价格趋势是以周期性运行状态呈现的，即使当今现代市场经济发展至此，也未能改变这一规律。市场走势本身就涵盖了供需关系、市场情绪和收益分布等众多要素，司马迁在《史记·货殖列传》中还写道："论其有馀不足，则知贵贱。贵上极则反贱，贱下极则反贵。贵出如粪土，贱取如珠玉，财币欲其行如流水。"贵极则贱，贱极则贵，市场资金就像流水一样运行，这些无不体现出我国古代经商之精髓思想。

市场案例

"螺黑金"和"螺白菜"

图8－1为国内商品市场的螺纹钢走势，展示了2010—2016年螺纹钢从5180元/吨高位一路下跌至1650元/吨的低位，再从低位区高歌猛进登上6000元/吨高台的全过程，行业研究人员将这两个极值区位形象地比喻为"螺黑金"和"螺白菜"，同样的商品却是不同的价格，数年间巨大的价格落差写尽了市场冷暖和情绪变化。"贵出如粪土，贱取如珠玉"，古人先哲的商业智慧早已将此类市场的交易策略阐述得生动贴切，但能否做到，就要看投资者的洞察功力和"时用则知物"的运作定力。

图8－1　2010—2016年螺纹钢走势

心理驱动的市场预期

金融市场有一个基本观点，就是特别在意相关资产的跨期收益变化，并将其折现进行估值。跨期也罢，估值也罢，都是对未来预期的评价，预期本身就包含市场时空和市场情绪等动态变化因素，市场预期少不了众多参与者交易投资心理的集合叠加，人性在市场中成为难以躲避的大网。

传统经济学为简化交易模型假设，把人当作完全理性决策者，作为学科研究的基石和标准，认为每个人都是聪明的，没有情绪化的，没有自控问题的，也没有心不在焉等现象，而这些心态在现实社会几乎都是不真实的。

理查德·泰勒是近年来又一位通过心理学视角研究市场特性并荣获诺贝尔经济学奖的大家。他认为假设人类理性是一件非常可怕的事情，其研究贡献在于将经济学和心理学交叉结合，挑战了传统的经济学假设。他提出了“有限理性决策”原则，完善了行为经济学。理查德·泰勒还创立了一个基金，利用这类行为认知造成的市场偏差开展市场投资交易实操，并获得了不错的收益。

知识卡片

有限理性

有限理性观念的主要提倡者是诺贝尔经济学奖获得者西蒙。他指出，人在决策过程中寻求的并非“最优”的标准，而只是“满意”的标准，人的行为是有意识的、理性的，但这种理性又是有限的。有限理性是在一定限制下的理性，强调理性，同时也不忘理性的边界，例如“市场不可预测”和“市场总是错误的”等相关问题，正是环境信息非完全对称下有限理性的市场行为的反映。

传统经济学对人性过度简化，并未充分考虑预期因素。经济学家凯恩斯在其名著《就业、利息和货币通论》一书中引入了预期平均收益率论点，填补了传统经济学淡化市场预期的盲区。他关于市场的“选美投机”理论形象地说明了股票市场中心理情绪因素的重要性，市场的流行情绪驱动不在于参与者个人的审美判断，更多的在于市场众多参与者共同的审美偏好。有意思的是，凯恩斯利用这一市场心理行为理念，在伦敦股市中获利颇丰，成为那个时代少有的理论与实践相结合的经济学大师。这里还有一个小故事，当年其学生在校园里曾请教过凯恩斯的赚钱之道与课程讲授的内容为什么有所不同，他风趣地回答说：“课上讲的，是我必须要讲的，下课做的，并不是我应该要说的。”他是说上课讲的内容大都限于理论，理论并不是不对，只不过理论与实践是有距离的，中间隔着的正是市场交易心理。

面对影响市场的各类庞杂信息的快速传播和扑面而来，投资者很难通过信息垄断来长期获取收益，专业交易投资者不仅要寻找影响市场的主要因素，更应看重的是信息因素变化下市场本身做出的反应。市场走势的驱动往往起源于市场预期与现实的偏差，更多考量在于市场对信息变化的映射反应，只能在有限信息条件下做出决策，这就需要做好各类预期变化的良好心理准备。比如，主要经济指标异变和有形之手的政策调控常会给资本市场带来一些突发事件性冲击，市场参与者大多没法预料所发生的信息，但可以透过信息作用于市场的反应状况，从而应对市场变动。这实际上就是贝叶斯思维方式，也是“选美投机”理论的反映型交易模式。

高阶思维观市场

凯恩斯的“选美投机”理论，也可以定义为一种“第二层思维”。这一观点是美国投资家霍华德·马克斯总结提出的，就是站在“众人所想”的常规思路层面，转向“众人未想”的独特思路层面。市场投资也应学会登高望远，利用高阶思维的宽视野和深透视理解常态市场背后的非常态特征。

“第二层思维”对大众来说并不陌生，比如，著名历史故事“空城计”便是一个经典案例。故事讲的是三国后期马谡丢失街亭要塞，司马懿引大军来袭，诸葛亮驻守西城，手中却无兵无将，出现重大战事危机。司马懿兵临城外，但见城楼上孔明正襟安坐，燃香抚琴，两学童站立左右，城门内外百姓低头扫地，旁若无人。司马懿怀疑城中伏有重兵，命军撤退。诸葛亮一是料到司马懿对自己做事谨慎的判断，二是算到司马懿多疑担心遭埋伏的心态。“一场空城计吓退十万兵”，体现出作为将帅的诸葛亮，临危不惧、果敢出招的良好心理素质。

再比如，斯诺克台球运动起源于英国，近二十年在我国也很流行，其规则和打法挺有意思，需按规定用母球将若干个目标彩球逐次打入袋中，这就要求球员不仅需考虑当下彩球走向（第一层思维），更需估算击球之后母球未来走位（第二层思维），为打下一个彩球入袋提前做好布局和准备，这需要双层想法和安排。

中国名典《坛经》记载了一个著名典故：两位僧人看到了外面的“风动”和“幡动”，然而慧能大师悟到的则是两位僧人内心的“心动”，这也是第二层面的思路。

从数理角度来看，平常人观物行事大都采用“因为什么就是什么”的线性第一层思维，只是停留在一阶函数变量上。非常人则偏向“如果什么可能什么”的非线性第二层思维，建立在二阶导数变量上，触摸到事态变化的变化，可通过观察变量环比边际变化取得高维度思考模式。如衍生品期权那几个希腊字母，Delta 衡量 Option 受标的价格变化影响的波动，

Gamma 则衡量 Delta 值变化速率，是用高阶变量观测低阶变量的“第二层思维”的典型方式。

上述这几个事例看似风马牛不相及，却共同展示了殊途同归的高阶思维方式。无论是“空城计”中的孔明，还是“斯诺克”赛手，他们的行事套路是相似的，需要有透过现象看本质的洞察力，更需具备果敢博弈的心理承受力。交易投资市场如同一个大生态圈，各色人等聚集其中，站位不同，高低不一。有的人是“桥上看景”，有的人则是“楼上观人”；多数参与者乐于直观平面的“羊群效应”模式，看到的是市场走势“风幡之动”，少数高手擅长立体迂回的“边际效应”模式，观察到的是市场走势背后的“心动”。“你看市场吾观人”，他们理解市场的群体行为，懂得市场“自激—惩罚”的反身机制，知晓市场博弈的隐性运行，更重要的是具有现实批判精神、站在群体对面的勇气，以及强大的自我心理复原力，从而成为市场的“牧羊人”。

一切法得成于忍

在谈到自律之前，先说说它的兄弟——自由。自由是人人向往的，还被人们套上了金色光环，但是自由真的能解决一切吗？大多数人有享受自由的快乐，却没有驾驭自由的能力，在一个完全自由的境地，人们往往显得更无所适从。有些人不愿意受约束，追逐自由，但无意志定力，慵懒散漫如灵魂脱壳般盲目寻找某些附着物，如沉迷于网游、热衷于网聊，过后又陷入追悔自责中。“海阔凭鱼跃，天高任鸟飞”，自由其实本来就是生物界自然就有的，自律才是源于人类漫长进化形成大脑前额皮层产生的特例，人正是凭借自律脱颖而出，成为“生物之王”。

自律是自由之上的更高境界，胡适在《容忍与自由》一书中说：“容忍是一切自由的根本，没有容忍，就没有自由。情愿不自由，便是自由了。”比如开车系安全带是一件必要的事，因为这是一种防范车祸的有效保险措施，但新手开始用时总觉得不舒服、不自由，经过一年半载的强迫使用，慢慢适应了，不系安全带反倒不得劲儿，一上车就会自觉地扣上安全带。关于这点，开车时间长的朋友大都有此体会。这说明自律已成为你长年驾车的安全保障。

自律是受内心能量的支撑和驱动的，“延迟满足”效应就说明了自律的内涵要义。

市场案例

延迟满足心理实验

20 世纪 60 年代，美国斯坦福大学心理学院设计了一个著名实验，研究人员在幼儿园安排了数十位儿童，让他们独自待在房间里，然后把一堆诱人的棉花糖和巧克力豆摆在桌上，告诉孩子们可以吃掉这些糖果，但如果等一会儿，等到研究人员回来再吃，就会得到额外的奖赏。结果，七八成的孩子都没能忍住，坚持不到 5 分钟便吃掉了糖果，无法抗拒“即时满足”的诱惑。更有意义的是，二十多年后研究人员回访当年的实验的参与者，那些抵不住糖果短期诱惑的孩子大多也抵不过社会生活的诱惑，日子过得消沉；当年得到奖励的少数孩子则同样得到了社会生活的奖励，他们的自制力让他们成为社会有用之才。

其实，人的最大智慧就是等待与希望。

关于自律，我们还可以从心理能量的角度来分析。选择即时满足还是延迟满足，取决于对未来的向往，更决定于向往者意志定力的高低。究其原因，更多是取决于人们大脑前额皮层的理性思维。如前文所述，大脑系统 1 引发即时满足的直觉，心理耗能较低，容易带来快感；大脑系统 2 支撑延迟满足的启动，需耗用较高的心理能量，还会给人以一定的心理压力。人们一般都偏向舒适，不愿意受约束，所以多数人选择了即时满足。

此类现象在资本市场中更普遍，众多参与者选择了低耗能的系统 1，只看重当下得失，一旦短期利益浮现，经常容易激活即时满足模式，人们倾向于兑现当下收益，而不愿意容忍、等待，也很难再关注更远的未来潜在收益。就像是小学生做作业的心态，急于完成，盼望老师打钩评分，即时兑现奖励，获得满足。

延迟满足的自律模式对交易投资市场十分重要，并非不能打造，而在于认识和培养。专业投资者要学会克制、明白期待、懂得付出、知道珍惜，方能体验到实现目标之后的愉悦。延迟满足意味着包容艰辛，意味着时空延展，它是心理结构底层支柱，在此之上才是所学所用的知识框架和方法。“一切法得成于忍”，没有容忍，就没有自律，再好的交易方法也是沙雕楼阁，稳不住也长不了，难成正果。

预则立，不预则废

在变化无常的金融市场长河中，交易就像江上舟船，需要通过规矩抵御风吹浪打，方可行稳致远。孟子云：“是离娄之明、公输子之巧，不以规矩，不能成方圆。”再好的交易技巧都需要有交易规则来支撑骨架，不然就是一副花架子。

规则存在于人类社会生活的各个方面，如城市交通规范保障了道路上行人和车辆的有序通行。一旦规则被破坏了，人类的生活秩序就可能杂乱起来。比如路口的红绿灯出现故障，这个路口可能很快就会出现严重拥堵的混乱状态。

交易入市门槛不高，交易有成却门槛不低，长期盈利实属少数。表面来看，投资者坐在电脑前或手拿手机，便可轻松操作，指点市场。市场交易看似自由随意，但是恰因如此，才需要内在的自律来构造交易投资的规则和边界，不同投资者之间的差别很大程度上取决于遵循规则和守立边界的能力不同。这是所有市场参与者必须要正视的问题。

中国围棋，黑白之间，落子为定，占多者胜，是一门入道容易却修道甚难的心智游戏，古人先贤总结的“围棋十诫”，大道同通，市场如局，细品起来，这些理念又何尝不是市场规则之精华。

知识卡片

围棋十诫

“围棋十诫”来自古代围棋口诀，是下围棋的经验总结和要素积累，相传为唐朝棋手王积薪所创，后经宋代刘仲甫提炼归纳而成，传承至今。其内容为：一、不得贪胜；二、入界宜缓；三、攻彼顾我；四、弃子争先；五、舍小取大；六、逢危需弃；七、慎勿轻速；八、动须相应；九、彼强自保；十、势孤取和。该诫仅有十句，但对历代棋手却有重要指导意义。围棋与投资市场有着颇为相似一些玩法，“围棋十诫”对于众多投资者也具有实用的指导意义。

“前车覆，后车诫。”“诫”是建立在经验积累和规则约束基础上的。投资交易如同在森林里寻宝。林中荆棘密布，陷阱不断，需留心观察前人走过的走不通的路和踩过的陷阱。实际上，所谓专业人士就是比别人经历和知晓了更多的荆棘和陷阱，总结成诫，尽量避免重蹈覆辙而已。“诫”也是约束，是无序走向有序的选择，是外制到内化的过程。在充满不确定性的金融市场，自我约束是一种手段，更是一种保护，防止受伤。

怎样进行交易规则约束呢？“凡事预则立，不预则废。”这是一种行之有效的方式，事先做好入市计划，计划你的交易，交易你的计划。计划本身就是梳理思路的过程。从心理角度来看，事先沉下心来进行周全安排，有利于启用耗时费劲的大脑系统 2 去深入理性思考，从而减少遇事随意，临场触发大脑系统 1 的感性冲动。交易计划形式多样，因人而异，但计划要素少不了市场逻辑、头寸管理和应变预案等。尤其是入市之初的交易者，计划交易，也要交易计划，这既是一种刚性约束，迫使自己遵守规则的要义，也是一种计算可能，增强自己权衡利弊的信心，更是一种持续训练，引导投资者不断积累经验。

就像军事作战一样，战前计划是至关重要的，中国古代兵法在此方面有大量论述。《孙子·计篇》曰：“夫未战而庙算胜者，得算多也；未战而庙算不胜者，得算少也。多算胜，少算不胜，而况于无算乎？”庙算讲究的就是战前筹划与谋略，通过知己知彼，比较估量和策划设计，“选将、量敌、度地、料卒、远近、险易，计于庙堂”。从博弈角度来看，如此多算，未战之前已占先机，这些作战原则和计划、谋略对投资交易市场均具有现实指导意义。

能耐 = 能力 × 耐性

规则源于自律，自律起于延迟满足，延迟满足基于心理“能耐”。常说某人有“能耐”，其实说的是两个层面的意思，一是能力，表现在认知水平、思维能力和能力圈等要素，属于“智商”内容；二是耐性，体现在关注热情、持续抗压和包容心等素养，属于“情商”范围。一个人如果能力很强但耐性不足，可能长于识事思考却轻于做事坚韧，如果能力有限而耐性很强，或许识事水平不够，但行事从容练达。能力和耐性是两种不同的特质，不能相互替代，勤奋替代不了从容，认识替代不了感悟，但彼此可以互动支持。能耐 = 能力 × 耐性，强调的是这两个集合相交的部分，交集区域越大，此人的“能耐”也就越大，而不可偏颇一侧，取其一不择其二，尽量保持能力圈与耐性圈的不脱节（见图 8 - 2）。

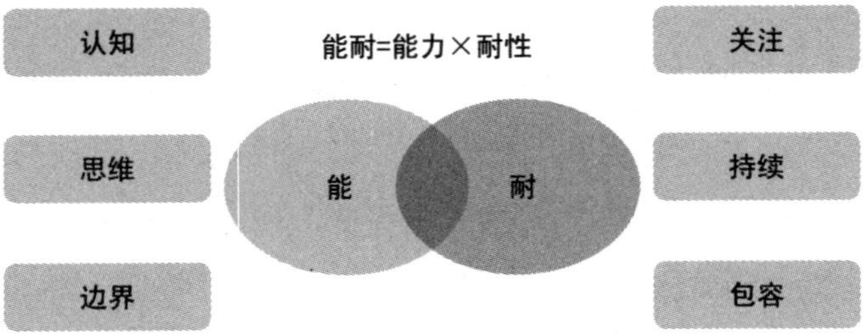

图 8 - 2 能力与耐性

专业交易投资者不仅需花时间关注知识积累，而且需花精力培养历练自我心智，努力进入孔子所言的“智者不惑，仁者不忧”的境界。换个角度说，市场研究是市场参与者寻求认知“不惑”的方式方法，要立足于勤奋和积累；交易心理是市场参与者领悟耐性“不忧”的不二法门，侧重于感悟。

随着自然生物界漫长进化，某些高级动物如鳄鱼世代遗传获得了难以置信的耐性，鳄鱼在河边可数周不动，静静等待猎物过来饮水，只是为了那一跃的捕获。耐性是市场投资中最昂贵的品质，交易者承受不了煎熬就无法提升耐性，这是需要用时间和能量打磨才可能练就的。交易者是可以通过外部研究取得观察市场的某些视角，但交易心理却无法替代，是需要在市场长期浸泡中获得的实在体验感。若缺少耐性支撑，再高的市场认识水平也难以做到长期实操的变现。

“知道”与“行道”

“知道”与“行道”虽然只是一字之差，两者内涵却大不相同，其间隔着巨大的人性偏差和障碍。“破山中贼易，破心中贼难”，王阳明创立的“心学”为后人提供了值得借鉴的探索之路。“知为行之始，行为知之成”，王阳明认为知与行是统一体的两端，相互依存，相互促进，倡导知行归一，贯通心智，而非先必“格物”，再行其事，突破了禁锢人们的迂腐思路。

知识卡片

阳明心学

明代著名思想家和军事家王阳明，一生坎坷，文功武治，体悟贤道，以绝世之资倡其新说，创立阳明心学。其精神内涵可高度概括为三个层面：一是“心外无物，心即理”的本体性，强调天理在心，物我融合的领悟；二是“知行合一，事上练”的方法论，是历经必由之路；三是“格物致知，致良知”的价值观，达到内圣外王的高境界。阳明心学肯定了主观能动，提倡自我超越，传承和拓展了儒家的思想体系，对中国哲学思想乃至东亚思想文化的发展都产生了极其深远的影响，并一直延续至今。

我们常讲“学习”二字，完整的意思是“学而时习之”，学为知，习为行，行本身也是学习。毛泽东曾说：“读书是学习，使用也是学习，而且是更重要的学习。”鼓励军队干部“在游泳中学习游泳，在战争中学习战争”。

交易投资更需要努力做到知行合一，“知”为信息处理，从纷繁复杂的信息堆里梳理出市场逻辑，“行”则是实操谋断，在有限条件下做到应对决策。学而不用则滞，习而不学则迷，在传统文化中，“学习”本身就包含了知行合一的理念。交易投资本质上来讲是一门实验学科，也是一个手艺活儿、与临床医学有点像。看病行医是需要长时间临床实践的，医学院学生需用一年时间实习，才有可能摸到一点临床的相关知行。培训交易人员时，我们也应参考临床医学的方法，有助于有效减少在接触市场实况过程中的知行偏差。

模拟交易是一种仿真训练方式，但模拟时总觉得盈利离你很近，亏损离你很远；实盘时则觉得亏损离你很近，而盈利离你很远。交易者最终还是需要实战体验，体验的不是交易技巧，而是交易心态，需要感受的是亏损的心态，因为交易者无法避免亏损。西方儿童教育中有一个案例值得借鉴：孩子们在接触真实事物过程中难免会遇到一些小磕碰，老师和家长再怎么提醒和关注也不太管用，索性就主动让孩子去磕碰。比如，有一个热石头放在那儿，好奇的孩子们总想去摸摸，与其不停地劝阻和防范，不如让他试着用小手碰一碰，只需一次真实的经历，孩子们就足以记住摸热石头的感受，这就是儿童教育的“热石头效应”。

有一位智者也总结道：世上最浪费时间的事儿就是给年轻人讲经验，讲一万句不如他自己摔一跤，但我们可以鼓励他再站起来。这些对实战交易训练是有启示意义的，所以，在交易员培训课程中一定要有一段实盘训练，用少量资金去接触市场这块“热石头”，被烫过几次就长了记性，而且这些亏损是可承受的。疼痛是最好的记忆，摔打是最好的老师，该走的弯路总是要走的，实盘交易培训本身就是从知道到行道的学习过程。

市场研究与交易对应着市场参与者在知行两个不可或缺的层面，市场研究在于梳理逻辑，突出的是谋事严谨；市场交易在于决断果敢，侧重的是心态稳定。正所谓“信不足焉，有不信焉”。在市场博弈过程中，心态稳定往往胜于严谨分析。

市场案例

市场认知与坚守

某公司一投资顾问负责服务两位客户，一位是博士毕业的成功人士，一位是高中毕业的小老板。投资顾问在精心梳理市场后向他俩分别提供了一份专业研究咨询服务报告，建议参与某期货品种行情趋势。数月过后，博士非常重视研究分析，交易过程中不停咨询，不停调仓进出，但他心浮气躁，身心疲惫，结果却收益可怜；“小老板”认同市场研究，明白市场需要延展过程，入市持仓，未动数月，守住信念，最终斩获颇丰。

还有一个类似的例子：当年拿破仑率领军队在欧洲战场叱咤风云，后来他被国内权贵们赶下了台。之后，因战事需要，权贵们委派拿破仑手下的一位参谋长指挥法军。这位参谋长特别擅长制订作战计划，以往拿破仑打胜仗多是他制订的计划。但是，不幸的是这次参谋长率领的军队却节节败退。事后反思他所做的计划和当年拿破仑的作战计划并无大异，所欠缺的正是拿破仑的临战果敢和应变，他终于明白这些是计划不来的，更是学不来的。从这一点来讲，投资交易需要具备良好的心理素质，而不只是模型和算法。

市场研究与交易投资的差异也是知与行的差异，类似于古人所说的谋与断。关于此，《呻吟语》（明/吕坤）所言就很到位：“非谋之难，而断之难也。谋者尽事物之理，达时势之宜，意见所到，不患其不精也。然众精集而两可，断斯难矣。故谋者较尺寸，断者较毫厘；谋者见一方至尽，断者会八方取中。故贤者皆可与谋，而断非圣人不能也。”

在资本市场中，研究讲究的是“尽可能多对”，是“助胜者众”，需要在广度与深度上做文章；交易强调的是“尽可能少错”，是“决胜者寡”，必须在决断和应变上下功夫。投资交易该如何“断者会八方取中”？即：盈亏——明于盛衰之道，头寸——通乎成败之数，趋势——审乎治乱之势，得失——达乎去就之理。也就是需从外在环境和内心等多个层面过滤聚焦于此。

“天道”与“人道”

近代资本市场是现实经济所衍生出来的，具有很强的社会化和虚拟化特征。这两种现实与虚拟市场如形影相随，但形与影在空间与时间的延展性和持续性上有巨大的差异。例如，现实经济中实体企业需要考虑投入成本、付出过程和回收时间等诸多因素，哪怕只是小微企业主去开一家饭馆或经营一家理发店，事先也都明白需要付出成本和时间。然而，人们一旦进入资本市场，往往就改变了想法，喜欢立竿见影，热衷于快进快出。期货及衍生品市场因杠杆效应更容易使交易者有这个想法。高杠杆放大了盈亏空间，缩短了运行时间，其实是夸张了人性的贪婪与恐惧，这种市场游戏就好像是专门为人性张弛所设计的。

农耕择时而动，春生夏长，秋收冬藏；季节更迭，年岁复进；旦夕小利，岁计大穰，《庄子》言：“日计之不足，岁计之有余。”农作物生长就是逐日终岁慢慢苗长果熟的。实际上，交易投资同农耕种田也是大体相似的，时间和空间同样是主导市场的自然法则，条件和环境同样是外界的硬性约束，但人们在市场中却往往忘记了这些基本常识，高流动性和高易变性增强了资本市场虚拟化的自由态。进入市场后，交易投资者就好像进入了一个脱离现实的超自然人造新天地，让众多参与者误以为有了随意穿越时空的本领，在弹指间快速切换便尽可抓住更多的市场“彩票”，偏好追逐“日计之有余”的虚幻境界，最终落得个“岁计之不足”的境地。

资本市场多数人乐于关注复利指数拉高的纵向坐标空间增长，却经常淡化横向坐标的时间延展。

市场案例

不同的交易投资，不同的盈亏统计

期货市场散户群体有一个有趣的统计现象：日均交易在5次以上的客户，三年平均收益是本金亏减八成之下，日均交易1次以上的客户，三年平均收益折损至少三成，日均交易0.3次以上的客户，三年平均收益率约在20%；日均交易0.1次的客户，三年平均收益率高达60%以上。此外，交易止损单如果不急于平仓，在未来两周内获利的可能性在七成以上。我们也做过类似统计调查，结论大致相当。

股市同样有此结论，根据某大型券商多年的数据统计，高换手率区间近七成的客户，亏损比例处于前5%，低换手率区间近六成的客户，盈利比例处于前5%。显然，前一群体缺乏耐性，过度无效交易消耗了本金，而后一群体心态淡定，用等待智慧获取了增值收益。

从交易心理角度来说，群体心理已被充分证实是具有一些心理偏差的，如损失厌恶、锚定偏见和从众效应等。在市场波动的巨大压力下，市场参与者大都会出现慌乱情绪，并倾向做出非理性决策，缺乏“让子弹飞一会儿”的基本耐性，这一系列的短视行为势必造成市场偏差。

资本市场存在大量平庸无效的躁动交易行为，而市场有人就专门赚这类无序躁动的钱。数学家詹姆斯·西蒙斯一手打造的“赚钱机器”——文艺复兴科技公司就是专业干这活儿的，而且纵横市场三十余年取得了超群表现。西蒙斯在交易实践中逐步认识到，输家并不是那些买入并长期持有的个人投资者，而是经常预测市场涨跌并频繁下注的人，无论其规模大小。

西蒙斯正是认识到其他交易者的心理偏差和过度反应，很好地利用了其他投机者的疏忽和错误赚钱，“交易要像壁虎一样，平时趴在墙上一动不动，蚊子一旦出现就迅速将其吃掉，然后恢复平静等待下一个机会”。他称其为“壁虎交易模式”。实际上，文艺复兴科技公司的交易理念正是基于行为金融学的统计模型，对市场人性建模，他们的系统似乎特别善于利用其他交易者所犯的具有普遍性和持续性的错误。它再次证明了“金融市场从不缺少机会，而真正缺少的是耐心与等待。”

自然规则和世间秩序构成了中国传统哲学的朴素认识观。老子有言：“天之道，损有余而补不足；人之道，则不然，损不足而奉有余。”乃精辟之理！即使是人类自身创建的现代资本市场，其运行也同样遵循着自然规则和世间秩序。产业兴衰、企业寿命、市场周期、及群体情绪驱动、市场反身激励，也将自然和人性表现得淋漓尽致。在交易投资市场中，不仅要“算计市场”，更要“算计自己”，学会努力抓住自己“有余”，适当规避自己“不足”，充分认知并努力发挥自己能力圈。

人们都有自身的不足和短处，关键是如何扬长避短。古时有一个老员外，有钱又有雅，淘得一珍贵玉雕佛龛，十分爱惜，收藏到书房不让家人随便碰。某日他正把玩佛龛，到了饭点，丫环来请膳，他正在兴头上，没当回事，过后大管家又来请，还是没叫动。夫人实在看不下去了，进书房再唤用餐，这下把员外惹怒了，起身大吼之时，佛龛不幸跌落碎了一地，为此员外气愤不已。平静下来后，老员外突然大笑起来，悟出一道理，即他把佛龛可能出事的各种情况都算进去了，却恰恰没把他自己算进去。

这个故事对我们从业人士是很有借鉴意义的，交易投资者大多偏好算计经济状况，算计交易基本面，算计市场行情，算计资金动向等，就是忘记算计自己。自己才是参与市场不可或缺的重要一环，却没下功夫好好了解自身的“有余”和“不足”，最后交易投资的挫败往往就是栽在这一忽略主要环节上。

交易心理最终取决于交易者对市场规律和交易投资者人性的解读和把握。我们要逐渐理解这两者的巨大差异性，学着从客观的视野观看市场趋势，懂得从人性的视角平视市场变动，更应从自身把控人性的心态扰动。

简约是最具穿透力的

市场具有天然不确定性，市场参与者对市场的认知都是有局限性的。市场有一种观念误区，奢望利用复杂来触摸未知，通过勤奋来弥补拙见，总是想用复杂指标交易系统来罩住市场的走势波动，用忙碌交易来屏蔽未知的心理不安，复杂分析，频繁交易，不甘寂寞，疲于追逐，结果便是做了许多无谓和无效的事情。复杂和勤奋都解决不了市场的不确定性，耐性和简约才有可能捕捉到市场趋势和方向。要学会敬畏市场，承认自身局限，“吾生也有涯，而知也无涯。以有涯随无涯，殆已！”用有限的精力应付市场无限的可能，实在太劳累了，要学着释怀自我，要遵循交易原则，确立自身能力圈，抵御“市场先生”的诱惑，守住自我才不会在市场中丢失自我；要保持一致有序，从无序的变化可能过滤出有序状态，并充分关注于此，由此逐渐形成适合自身的简约交易投资模式。

建立交易投资的简约模式并不简单，简约是需要经历沉淀的，从无序到有序，从发散到收敛，是一种由繁化简的淬炼和提升的过程。必须经过

“为学日益”的加法积累阶段，才有可能进入“为道日损”的减法提炼层面。简约有助于框出一个适合自身的知行能力圈，划出“何谓可为，何谓不可为”的简约边界，以便坚守交易原则。应专注于“跨步走过 1 英尺跨栏，而不是玩命越过 7 英尺跨栏”的平凡理念，长期守住自己的“安全边界”。简约还便于持续复制，便于遵循大道又兼顾人性，难从则乱，易行则理，在交易投资过程中建立起可以反复行走的有效路径，避免误入市场迷途而失去自我。

市场案例

市场高手往往是“胜于易胜者也”

资本市场每隔几年都会传出一些暴富“神话”，吸引入市新手们亢奋不已。笔者曾经同一位市场传奇人物聊起当年的获利故事，他自嘲道：“不要迷恋哥，哥只是个传说。”因为那是一场特殊行情下的特殊操作，他自己也无法复制昔日之勇。

历史上有不少无名将军，不打惨胜之仗，只赢必胜之战，正如孙子所言，“古之所谓善战者，胜于易胜者也。故善战者之胜也，无智名，无勇功，故其战胜不忒”。国内资本市场上也有一批默默无闻的市场高手，应用自己的简约模式，心态平和，从容交易，只去跨市场的“一米之栏”，只赢那些显而易见的市场胜利，所以他们“无昭昭之明，无赫赫之功”，并不为人知。

大道至简，简约是最具穿透力的，它可穿透市场时空，引导交易投资成为一种值得长期经营的积累收益过程。它不在意抢跑领先，勇猛狂奔，在意的是可持续发展。

守正出奇，知行应变

市场的不确定性是客观存在的，人们需要在不变与变之间做出抉择，需要在心理层面接受不能改变的，适应可以改变的，关键是要有分辨它们的能力。古人言：“识时务者为俊杰，通机变者为英豪。”应变才是知行合一的最高境界。

交易投资大致可分为三个层面：认知在于敏感观察和严谨演绎；行动在于果敢出手和责任担当；应变在于辩证思考和权变应对。这三方面体现出交易投资的进阶道路之艰辛。守正重于执其方，出奇偏向通其变，守正在先，出奇在后。常言道：无招胜有招，那是因为先学了有招之术，练就融通了方得无招之道，是“青出于蓝胜于蓝”的境界状态，所以，初学者入市须避开那些所谓无招获胜的诱惑，以免行偏。

对于专业人士来说，市场交易实质就是一种见招应招，动态博弈的应变过程。市场处于不断变化的状况之中，应对是必然的选择，没有什么以不变应万变的常胜之招。说到的交易计划和简约模式，也只是某些守正之举，替代不了出奇之招，而且即便是制订了计划，计划中也需有应变预案。第二次世界大战名将艾森豪威尔当年说到作战计划时有段名言：“计划对打仗并不是最重要的，但做计划对打仗是很重要的。”市场如战场，交易如作战，交易者交易投资须在心理上承认市场事态变化是不可测的，再严谨的计划也包容不了市场变化的可能，“人算不如天算”不是宿命论，而是自知之明，不然就难免出现“马谡失街亭”惨败局面，这方面的市场案例并不少见。

之前听到一位苗族老汉徒手攀岩采药后分享的爬山心得，觉得非常有道理。他说一是要两脚立稳再伸手，二是手抖之时需休整，三是攀三退一顺山势。山势是改变不了的，爬山的人须随势高低而行，而非直线攀升；体能和节奏是可控制的，爬山的人应适时应对，老人的登山之道又何尝不是市场交易之理。交易投资者把握不了市场的不确定性，却可以把握自己的仓位头寸大小，就是进行头寸动态管理，让头寸调整去适应市场变化，而不是想当然地让市场颠簸去适合头寸的轻重。在交易投资的一段市场趋势中，头寸持有并非一定始终如一，要善于进行持仓动态管理。

面对市场的高度不确定性，我们总是将出乎意料的事件一股脑归结到于所谓的“黑天鹅事件”。“黑天鹅事件”就是那些低概率、大影响且不可忽略的大事件。基于传统正态分布结构建立的投资组合往往是脆弱的，是经不起“黑天鹅”冲击的。为此专业投资提出一种“哑铃投资法”，即把资产分配于两端，一端是极高安全，一端是极高风险，均值中部被放弃掉。这是一种反常规的投资交易模式，却是安全守正与出奇制胜并举的投资结合体。例如，用大部分资产分配到安全的国债上，以小部分资产用于购买指数深度虚值期权，前者是公认安全的“守正”端，后者接近于撞大运的“出奇”端。极安全与极风险配对，一实一虚，一正一奇，构建起抵抗资本市场“黑天鹅”冲击的资产护城河。“哑铃式”资产配置与其说是管理投资，不如说是管理自己的心态，管理自身对未知的无知与恐惧。其实，这种“哑铃式”搭配理念实际上在现代社会生活中并不少见，常言道，“不怕一万就怕万一”，我们在有一份稳定收入的同时，最好去购买一份人身保险。在欢心旅游出门前，预订一份意外险。在应对某些不可预料的突发性事件方面，这类做法是必要的选择。

见天地，见众生，见自己

资本市场是现代经济社会高度发展所派生的庞大且复杂资源交换平

台，既是现实与虚拟资源的互动关系，也是人与人之间沟通博弈的对应机制。有人的地方就有人心思变的驱动效应，古今中外皆不例外。现代金融市场借助信息科技迅猛推进，高频交易、AI 投资和 ETF 量化等花样翻新，当然也希望依靠技术手段规避和远离人性对市场投资交易的干扰。问题是交易策略可以量化，但人性心理是难以量化的，所以，至少在可预见的相当长的时间里，交易心态仍然是无法避开的“市场之坎”。

在中国商业历史上，商业巨贾白圭的经商智慧和运作理念对后世影响甚远，他提出，“智不足与权变，勇不足以决断，仁不能以取予，强不能有所守”。“智”在于观时应变；“勇”在于善断出奇；“仁”在于取舍从容；“强”在于坚韧忍耐，用智、勇、仁、强四大品性高度概括从商心理素质，他认为如果这些品质素养不到位，就是把经商技巧都学会，也难在商场上长期取胜。白圭的商道智慧和心态品质仍适用于今天的市场投资。

如何更深入理解市场的信息、方法和人性三者互动的平台？需要我们跳出市场看市场，需要站在更高的视野来看世间的物、人和自己的关系，不然就只能在一个平面上打转。著名学者梁漱溟先生有一哲理认知：人一辈子首先要解决人与物的关系，再解决人与人的关系，最后要解决人与自己的关系。在资本市场的众多参与者更是不可回避地要面临如何应对这三大关系。

一是人和物的关系，“役物而非役于物”，代表了人们的价值观和金钱观。比如，在市场中把金钱看得过重，只盯着交易账户的盈亏，就难免患得患失而误入歧途。

二是人和人的关系，既体现个体之间的人际互动和包容，又体现个体与群体间的情绪共振和差异。比如，市场疯狂时是跟着疯狂，还是用一些定力抵御疯狂。

三是人和自己的关系，知人者智，自知者明，这是做事做人的高境界。学会自我对话交流，明白自己长短优缺，知晓自身行为进退，研究市场时更需研究自己。

知识卡片

人生不可或缺的三个关系

现代著名思想家和教育家梁漱溟被誉为“中国最后一位儒学大师”，他行为世范，令人敬仰，为国事、文化、教育付出了毕生精力。他说：“人这一生总要解决三个关系，而且是顺序不能颠倒的。先要解决人和物之间的关系，然后要解决人和人之间的关系，最后一定要解决人和内心之间的关系。”归纳起来就是，人的一生需处理好“人和物、人和人、人和己”这三者间的关系，否则可能会出现“人入歧途难自拔”之状况。

交易投资少不了需要了解世事，了解他人和了解自己，许多道理都是常识常闻，需要的是心态体验。“大道甚夷，而人好径”，人们总是想着寻找捷径以躲过心态的锤炼，生活如此，投资也如此。既然投资交易心态的影响难以躲避，就不如正视它。

其实，交易投资可用一个公式概括：交易结果 = 市场认知投影 × 自身情绪波动 × 交易策略调整。前者是市场参与者的“知”，后者是市场参与者的“行”，其间夹杂着参与者心态情绪这一特别的“变压适配器”。这三者对交易结果的影响是集合重叠关系，而非加权关系。换言之，奢望通过增强某个因素而弥补另一个因素的不足几乎是不可能的，而且这三个方面都与交易心理有着前后的关联性。

在变化无常的资本市场中，投资者需要“保持好奇”，这样思维才会发散，才会开放，才能接收到市场产生的新鲜事情，失去好奇，容易造成心态僵化；需要“谋定而动”，这是从发散到收敛的聚焦过程，也是从知到行的运作过程，还是降低非理性冲动的过滤过程；需要“应权而变”，这是市场边际变化的观察视角，也是交易心理的张弛有度，更是适应市场突变的反应招数，体现出阅历积累和融通之境界。

正视心态，戒在守约，定在谋定，慧在融通，守住了自己的能力圈，才有能量定力。交易心理，说到底，就是市场变化过程中如何读懂自己内心的反应。读懂市场难，读懂他人难，读懂自我更难，正如尼采所言，“人群中离你最远的是你自己”，交易投资之难就难于此道。

保持好奇、谋定而动、应权而变，乃是投资交易专业者应有的职业素养，值得沉思品味。

本章结语

- 市场投资有“3M”，即Market、Money、Mind，其中，Mind就像大拇指效能，在市场交易投资过程中占据主导地位。

- 资本市场是“测不准”的，概率是窥视上帝造物的潜望镜，借用贝叶斯思维观察市场才可能更贴近真实市场。

- 一致性持续规则是专业交易投资从“偶然”走向“必然”的要件。无此规则的交易就像“有积无累”的一堆砖头，有此规则的交易才能“有积有累”，最终搭建起存财的仓库。

- 市场众生大多嗜好完美交易，而市场交易的本质却是在“有缺”的状况下寻找下注机会。“善败者不亡”，只有正视并主动应对亏损，才能做到“截住亏损，让利润奔跑”。

- 抵御市场恐惧和狂热是需要强大心理能量支撑的，只有这样才可能在稀缺的大机会来临之时敢下大注，实现“集中优势兵力，歼灭有生力量”。

- 认知格局决定观察市场视野的高度，市场视野决定看待市场趋势的远近，趋势变化决定交易心理的状态，心理状态则决定交易操作的应对方式。

- 市场趋势多以周期变化和螺旋发展的复合迭加形态推进，善用周期思维，体会市场情绪冷暖，应时而动，乘势而为。

- “你在桥上看风景，看风景的人在楼上看你。”你看市场我观人，应用高阶思维观察市场变化。

- “即时满足”或“延迟满足”是交易心理高低的分水岭，耐性是市场最昂贵的品质，建立自身投资交易能力圈边界，以内心之自律驾驭市场之自由。

- 市场研究偏重谋事严谨，市场交易突出决断应变。知道与行道之间隔着人性偏差，知行合一是交易投资者长期追求的高境界。

- 资本市场不应成为脱离现实的超自然的人造新天地，投资交易身处其中，学着以自然规则视野观察市场，以世间秩序视角理解众生。

- 大道至简，简约是最具市场穿透力的。出奇源于守正，应变立于规则。

- 外观市场，内观心慧，交易投资者需站在更高视野处理好“人和物、人和人、人和己”这三者之间的关系。

第九章
期货和衍生品市场应用之选择

安危相易，祸福相生，缓急相摩，聚散以成。

——（战国）庄子，《杂篇·则阳》

至今，我国期货市场已走过了三十年的历程，从时间展开来看大致可以分三个时段。第一个十年是我国期货市场从无到有、从乱到治的过程；第二个十年是期货市场为生存而努力的过程；第三个十年至今，则是期货市场得以大力发展的十年。这三个时段也代表了我国整个资本市场发展状况。

期货衍生品的小行业与大市场

回首过去是为了展望未来，当下期货市场正站在一个大格局的新起点。《期货和衍生品法》的出台，标志着我国期货行业真正进入国民经济序列之中，国内期货业由此迈入一个新时代。

目前，我国期货市场的状态如何呢？新冠疫情的持续反复对国民经济不少行业造成了不小冲击，然而，在此环境下国内期货衍生品市场却恰好得到了快速发展，无论是保证金规模还是市场成交量都有大幅提升。从这个意义上讲，期货行业正在打破原有固化的俗称“内卷”模式，拓展到实体经济对市场风险管理迫切需求的“外卷”模式上。

期货和衍生品是一个小行业，却是一个大市场，“小行业”指的是衍生品具有虚拟市场的高度专业化和小众化特征，“大市场”则是衍生品涉及的实体品种庞大，每个交易品种都背靠一个大市场，从棉花纺纱、有色金属、饲料生猪到原油能化等众多产业规模，少则百亿千亿元，多则数万亿数十万亿元。近年来，期货市场的参与者规模快速扩大，从中国期货业协会官方统计数据来看，2020 年约有 700 家上市公司参与期货市场的套保业务（不包含外汇衍生品），而 2021 年又增加到 900 多家，扩张增速之快已超出业内人士的预判。

在中国经济大体量中，上市公司是很有代表性的，也是优中选优出来的。众多上市公司能够从关注到试水期货衍生品市场，有其必然性的过程。早前，期货市场中比较骇人听闻的故事吓退了不少旁观者，此后，市场规范发展，这种恐惧感减弱了很多，不少潜在需求者进入一种关注状态，进而随着深入了解期货市场的效能，参与者逐步消除了此类偏见，开始进入一种尝试探索状态。这类普遍的社会性认知与实践的转化，驱动期货衍生品行业进入一个良性的外部发展环境。

期货市场的变与应

新冠疫情客观上使国民经济受到了一定的负向偏差的影响，却意外地助推了国内期货市场的扩展。为什么这么说？2020 年新冠疫情突发，打乱了原来实体经济不少行业固有的经营模式，经营环境变化，不确定性骤然呈现，而且无法规避这一巨大的突变冲击。这种不确定性严重影响了市场宏观环境、产业供求结构，给市场带来了剧烈的价格波动，这一系列波动已经不是实体企业原有的传统经营方式能够应对的了。在此种状况下，不少相关企业发现期货衍生品市场具有的某些独特商业模式有助于风险管理，通过一系列衍生品工具组合是可以适当规避这类大幅波动的市场风险的（见图 9－1）。

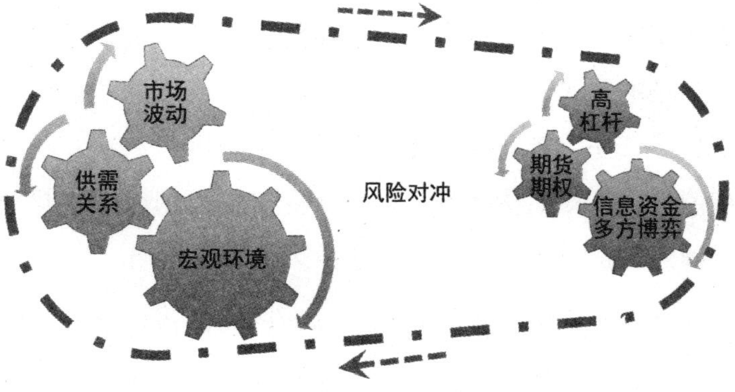

图 9－1 商品市场风险对冲的必要选择

期货市场是具有发现价格、套期保值等市场功能的，之前，很多实体企业认识不到期货市场的功能，如今却真实感悟到市场价格波动对企业经营的实在冲击，逐步体会到对冲风险的必要性以及期货衍生品的有效实用性。近几年，不少大中型实体企业遇到了一些经营困境，其上下游市场价格波动持续加大，企业决策层开始理性地看待期货市场，从最初的躲避心态逐步转向正视这个市场，他们越来越觉得有必要去尝试，并慢慢介入这个市场。多数实体企业的这个选择不仅来自外部环境的压力，还源于其自身对风险管理的理解和践行。

上市公司参与期货市场需要一系列的审议流程，首先就需要去说服董事会相关董事，尤其是一些独立董事，他们对期货市场并不了解，感觉期货市场会给他们带来不安。其实，商品期货市场既不是洪水猛兽，也不是鲜花芳草，而是高度专业化的市场，这就需要专业人士去把这个道理跟董事们讲明白。近年来常遇到这类情况，某上市公司下午要召开董事会，便请我们参加上午的预前会，同各位董事做一些期货市场的专业交流。所以说，打消企业决策层对期货市场的先入为主的惧怕心理，说服工作是关键。

“弓影杯蛇，惊魂未定”，这种心态由来已久，也是人之常情，人们总会倾向于将对已知事物的恐惧扩散到一些未知事物的方面。比如，不少人害怕期货市场是因为他道听途说了一些事情，把对投机亏损的恐惧扩展到对整个期货市场的恐惧，进而产生了排斥心理，不愿意了解和接触期货市场。这种情况下，作为专业人士更应去讲明市场运作之道，厘清市场风险之理，逐步消除人们对期货市场“弓影杯蛇”的恐惧心态，帮助企业正视期货市场，利用期货市场，并最终为企业风险管理所用。

其实，众多宏观因素大都会反映到国内外的期货市场上，这些变量引发的市场大幅变动已经超出了从采购、库存到销售上下游产业链经营的理解范围，很难通过传统的供求关系勾兑出来。实体企业按传统模式是难以应对这些状态的，该怎么办?

有些商品产业规模大，但利润薄，又是不可或缺的国计民生产业，比如大豆产业，一头连接着海外，巨大的供给量，另一头关系着国民消费的庞大市场。我国每年都花费上百亿美元持续采购美国和南美大豆，实际上国内大豆压榨利润率很低，百分之五左右就是好年景了，个别年份甚至还是负的，平均下来约 3% 。而 CBOT 市场三十年来大豆价格平均波动幅度都在 30% 上下，面对如此复杂的市场环境，国内大豆压榨业还是得到了大力发展。如果没有期货市场的保驾护航，国内大豆压榨业良好发展是不可能的，因为不去做有效对冲，哪怕企业有 10% 的收益也经不起 30% 的市场波动，这么大的波动企业收成必然会遭受较大影响。这对相当一部分实体企业来讲，对冲风险和套保管理已经是一个无法回避的必选课题，不管企业决策层愿意不愿意或喜欢不喜欢，市场已经倒逼到此状态，是躲不掉的，也必须要正视。

如何有效利用期货和衍生品市场就成为一些企业面临的新课题。企业利用期现两个市场开展套保业务，需利用期现两个市场收集信息和梳理逻辑，应用期货期权的高杠杆工具进行博弈，适当开展风险对冲，体现在企业经营的重要业务节点如何有效配置虚实头寸，以及动态调整相关差异，并将套保业务内嵌到经营管理流程之中，主动练就期现市场“两手都要硬”本领。这整套精细的风险对冲管理体系是需要具备一定专业能力保障的。

市场玩家的开与合

期货市场是一种开放式平台，期货从业人员应该去告诉产业客户需了解和正视这个市场，并努力适应市场状态，不然是会吃大亏的，这方面的教训是深刻的。在期货和衍生品市场平台上，参与者背景不同，诉求也不同，我们可以将其看成两大阵营的博弈，即产业资本和金融资本。前者是传统的上下游实体企业，他们多在转移市场风险，俗称“货主”；后者则是一群现代专业机构，他们是通过承担风险猎取机会，是来“淘金”的，可俗称“钱主”。从衍生市场游戏玩法来看，这两大群体都是不可或缺的，期货市场规则也应公开、公平、公正地对待两大阵营，否则市场游戏就没法持续进行下去。

这两大阵营的资本对市场的观察、对市场的看法以及对市场的判断逻辑都有不同之处。从产业“货主”来看，他们喜欢从传统的产业库存分布、产业链物流状态以及产能周期角度透视市场，带来基差和价差这类偏差状态，通过供求平衡表高低变动去评判产业库存价差升贴水的损益大小，得出市场结构性变化的预期，他们更愿意利用产业利润率分布变化、企业收益状况、库存高低和基差升贴水多项组合实现市场套保；从金融机构“钱主”来看，他们对市场的感知敏感度往往更高，通过环境温度冷暖、政策调整变动和市场偏好外溢等方面观测评判，并据此建立起一系列的市场逻辑交易策略组合（见图9－2）。

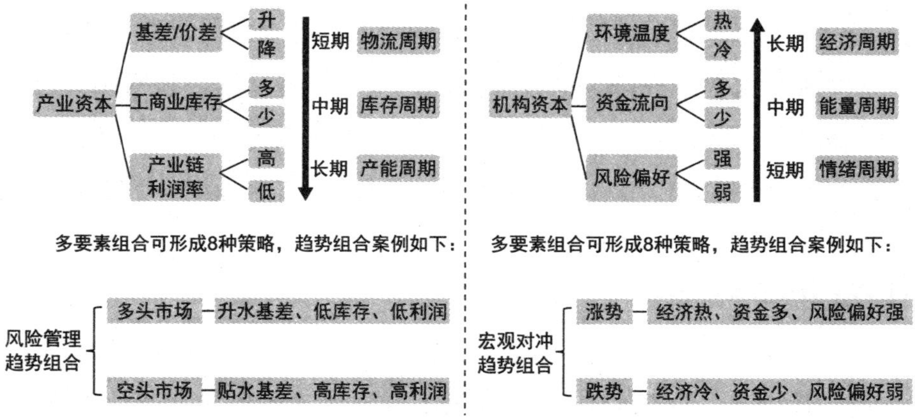

图9－2　商品市场风险对冲必要选择

市场上“货主”和“钱主”两方也时常不可避免地要共同面临很重要的第三方力量，即“有形之手”。实际上，“有形之手”在什么市场也都存在，只是它的干预方式与力度有所不同，这并不是中国特色。比如，全球农产品市场根本就不是一个有效的自由市场，里面有各种各样的“手”都在上下左右拨弄，其中“有形之手”也时常会露一把。我们要学会适应在各类无形与有形之手之间博弈的市场游戏，多年来，市场人士也越来越看明白了市场的好处与弊端，市场解决不了一切，需要以更宽广的视野去看待这些。

具体来看，期货市场最直接的变化表现为期现变化，即现货和期货之间的升水结构（Contango）和贴水结构（Backwardation）。一方面，期现以及价差间结构性变化，代表了市场各方角逐的动态博弈，如果放在某一个时段来看，连续反映出期现以及价差之间的偏差关系，这种偏差有时扩大，有时收敛，这个过程中，我们可以从中观测现实与预期的市场结构的变化。另一方面，从金融专业角度来看，期货市场的交易品种具有高杠杆和短时效特征，属于某种短久期的金融类资产，具备良好的资产配置效能。实际上，产业资本和金融资本都在关注市场的基差结构，只是解读的角度有所不同。如研究基差和价差，不仅要有产业的逻辑，还需有金融的思维，既要看升贴水的绝对幅度大小，又要看升贴水的相对变动斜率的大小，要从高阶维度观察市场结构变化。

产金资本的通与融

在期货和衍生品市场的发展过程中，产业资本和金融资本双方相互学习，相互渗透，比如产业资本慢慢尝试以金融资本的视角，从宏观环境等方面看待市场；反过来，金融资本也试着学会利用商品产业链利润分布的偏差，以产业资本思维和逻辑来看待市场。近年来，产业机构和金融机构相互融通的状况已越来越多，这也是期货市场发展面临的重要变化特征。

对于企业来说，随着产业持续经营，供应链上那些流动的大宗商品经常不可避免地会遭遇亏损的可能，对此类经营损失的可能性是需要开展风险管理的。这些短期资产市场环境中面临的各类型风险可大致分为价格风险、信用风险、操作风险、财务风险和法律风险等，实体企业须花精力去关注、评估和对冲这多个层面的风险。现代经济体系已形成了一系列风险管理方法和工具，供企业认识和评估风险。如果交易对手存在信用风险，通过得当的信用评级规则（KYC）评估就是可以降低交易信用风险；可利用杜邦分析法给企业进行整体透视体检，以降低财务风险；通过尽职调查和法规条款尽量减少不利因素的影响，降低法律风险；通过建立和改善内控体系制约莽撞和偷巧，以降低操作风险；通过使用 VaR 值模式来评估市场价格的潜在波动力度，以降低价格风险。

对于期货市场来讲，因受场内标准化合约强约束，极大地减少了交易商品的多类风险，主要表现在价格变动风险点上。但这只是虚拟市场的主要特征之一，一旦介入实体触及现货的话，其他多个层面的风险也就不可回避浮现出来。期货人去碰现货，会面临从虚到实的考验。前几年，期货公司子公司开展期现业务，却对现货市场多类风险认识不足，导致多家公司在介入现货市场相关业务时“呛水”，也是给期货行业上了一课。近些年，期货业在服务实体产业过程中也总结出不少的经验教训。

风险本原的危与机

期货衍生品市场主要是用来管理市场风险的，有必要对风险认知有更深的理解。何谓“风险”？这个词的形成可追溯到古希腊年代。古希腊人主要依靠出海捕鱼和经商维持生计，因此人们常站在海岸悬崖边的礁石上眺望远方，期待商船归来。海风骤起对航船既可能是某种危险，也可能是为航行助力，由此派生出“风险”一词，这个词儿从一开始就具备正反两面的含义，之后经历了古罗马拉丁语、法语和英语的上千年演化，形成今日“Risk”一词。

经济社会进一步引申了古典含意，将风险的现代含义定义为“出现损失的可能性”，这也隐含了其另一个意义，即“出现盈利的可能性”。与此对应的是中国古语“危机”，其包含祸福相依的更完整要义，欧美资本市场专业人士也认为中国的“危机”一词更能表达出市场风险的内涵和外延。

资本市场有一金句，即是“控制你的亏损，让收益奔跑”。期货行业的核心思路是如何有效管控运作亏损，从而取得降低市场风险导致的“危”，相反，“机”也就得以展现，市场收益自然就出来了。以什么样的原则去管理风险？怎样运营才能管理风险？这些方面的观念不仅非常重要，还需从风险的本原角度梳理思考，只有树立起较为正确的风险认知理念，才能从根本上建立企业在期货衍生品市场的运作思路与体系。

市场具有天然的不确定性，期货衍生品市场更是如此，开放式市场给众多参与者提供了进出的便利，也给市场带来了非理性波动。为深入理解市场波动特征，我们借助概率的思维方法，可以更好地观察期货衍生品市场的价格变化。通过价格偏差的正态分布可知，正常状况价格波动风险一般在两个均方差之内，表示基本上可以覆盖95.5%的偏离度。如果要达到三个均方差即基本上是99.7%的偏差覆盖，则降低到一个均方差只有约68.3%的偏离度。

面对市场状况的不同，波动偏差离散程度也不同，风险管理也面临对偏差管控的不同选择。无论管控偏差在68%、95%范围内，还是在99%范围内，所覆盖均方差尺码大小不同，所付出的对冲成本完全不一样。例如，参加过考试的人都有这种体会，从60多分提升得到90分所付出的精力，远比不上从95分升到99分所付出的精力。“行百里者半九十”说的就是这个道理。它展示了越往前行越艰难的状况，最终的10%、5%的路程需用一大半力气才可能完成。那么，在风险管理过程中，需要充分考虑为覆盖95%的偏差和99%的偏差的付出，两者的成本可能是非线性指数级差异。

市场价格波动偏差有时会突发性跳出三个均方差（99.7%）以外区域，它属于市场“未知的未知”范围，通常称之为“黑天鹅事件”冲击，你没有办法预料黑天鹅何时何处会出现，因为它是极小概率事件，但它的伤害性又是巨大的。就像2020年暴发的新冠疫情，使商品市场中有钱的人和有货的人，都面临一样的突变，面对此类意外风险时，主要看交易者的预警应急和快速机动的应变能力了。

对冲策略的正与奇

通常情况下，企业单纯强调风险控制并不妥当，而应从更广视角来看待。这里我们提出“三角论”观念：风险管理涉及的风险控制、执行效率、盈利收益三方面是同时存在的，并构成某种三角形模式。要达到风险管理的良好效果，需要同时结合三者进行权衡，最终目标可以理解为在有限周长条件下达到三者所围面积的最大化。不过，企业状况和所处环境是不断变化的，这就决定了风险管理过程中必然存在动态性的侧重转变，这是一个在求得次优条件下的持续抉择过程。

第一，在风险管理过程中，需要综合全面考量风险控制、执行效率、盈利收益三方面的情况，不可只求单一方向的最优。一般情况下，风险控制有可能会制约盈利收益，同时还会拉低执行效益。另外，追求盈利收益也会反过来挑战风险控制，并对执行效率形成掣肘。这样便形成了三方彼此关联又相互制衡的三角形状态。

第二，风险管理是企业经营过程的连续行为，而非投机交易“一锤子”买卖的模式，这就需要以动态视角理解风险管理的持续过程，如在产业景气持续向好时期，应适当偏重盈利收益的增长一端，如在市场出现重大转折状况的区间，需突出风险控制的应对一端。场景变化，策略也应变化，风险管理依据所处实际环境应有所侧重，需要因景而变、因势而动，强调风险管理与市场状况的动态适配特性，防止“刻舟求剑”式的僵化的风控带来的企业隐性亏损。

第三，风险管理既难形成某种全天候应对模式，也没有一套完美的方案。在市场变化和风控成本，以及承受能力等多重因素制约下，不仅需关注空间区域，而且要考虑时间连续性，往往是其次优的决策过程。从博弈论角度理解，风险管理“三角论”着力点就在于从相对理想的帕累托最优状态转向相对现实的纳什均衡次优状态，是从单次博弈到持续博弈的过程。

风控“三角论”的立端与致和

从风险管理要素所构成三角形态上看，交易者不宜过于执着追求正三角形最大化的静态理想，而应本着“与时俱进”的理念，以动态持续方式阶段调整三角形态（见图9－3、图9－4）。

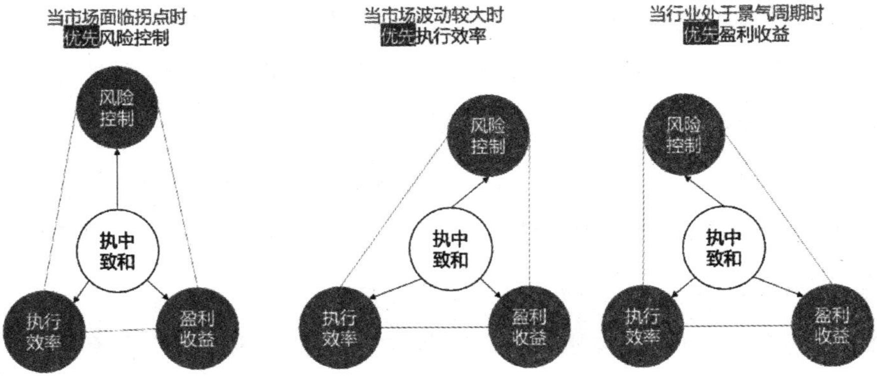

图9-3　风险管理的动态次优过程

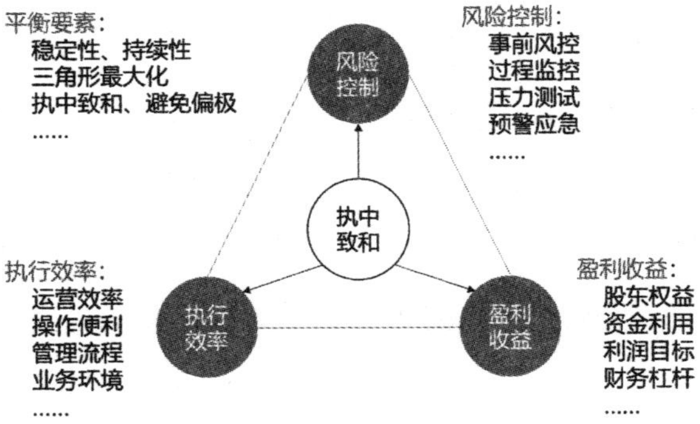

图9-4　风险管理的执中致和

过度管控风险，有可能会造成管控环节过多，使执行效率下降，还会导致运行成本大幅增加，使业务收益减少。过度追求收益去加大经营杠杆和提高执行效率，也可能会导致降低风控管理级别，出现失控状态。现实过程中应达到一个什么状态呢？交易者必须处理好风险管理与执行效率、业务收益的三方平衡，寻求一种次优状态以达到这个三角形面积的相对最大化，而不是只追求某一端的最大化。

现在回头来看，如果过于突出风险管理，不仅时刻需要去对冲三个均方差为99.7%的可能风险，甚至连“黑天鹅事件”都想罩住，那可能需要花费巨大的风控代价。在常态之下，这些沉没成本也会消耗掉大量业务收益，但如果对收益端的扩张放纵得过多，则事必会降低风险管控，有可能要栽大跟头。所以，风险管理需要多维度观察，避免单方突出“顾此失彼”的持端套路，主动寻求多向联动的“由点到面”的动态平衡，风险管理的学问正体现在这个三角形的持续动态平衡之中，即遵循“执中致和”之道，不可偏执。

风险管理的规与矩

风险管理应做到“三个可以”原则，即“可知、可承、可控”。首先要对市场风险的发生尽可能有总体预判；其次要对市场风险可能造成的亏损有一定的承受准备，包括资金承受和心理承受能力，其中心理承受方面常被忽视，但它往往导致运作失态；最后，在遭遇风险状况时能够快速反应和有效管控，要考虑如何应对局面、如何有序撤离、如何控制最大不利等组合操作。以“三可”原则为基准，逐步建立起较完整的一套风险管理模式，使其管理原则实现机制化、制度化和系统化，甚至可量化。

这套风险管理体系的核心理念就是把期货与现货的虚实两个市场视为整体，统一观测，尽量保持期现之间对应匹配，并维持这一匹配动态连续。从本质上说，套期保值就是围绕企业的产供销，利用期货与现货匹配形态的一种管理方式。期现对冲不是只在企业库存的某一点上，而是渗透在企业整体产业经营链上，应将其内嵌在企业生产过程的关键经营节点上，通盘考虑和安排期现两个市场的互联投入，谨防出现“期现业务两张皮”的脱轨状态。应该说，这需要企业多年的尝试与探寻，逐步沉淀出适合企业自身经营特点的风险管理体系，也是涉足大宗商品企业经营的核心竞争力体现。

有了一套风险管理体系，还需有一系列规则保障，不然机制如同虚设。这些风控规则可保障风险管理体系的“人、财、物”进行有效合理的配置（见图9-5）。

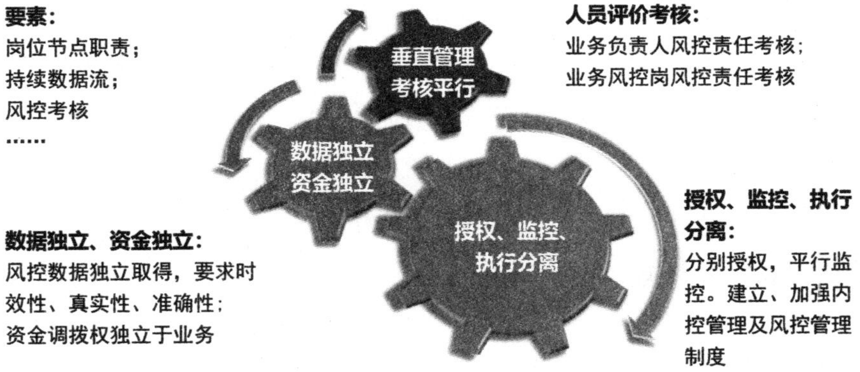

图9-5 衍生品风险管理基本规则

首先，应以总体管理架构设计安排，建立从授权、运作到监控三方相对独立的内控管理机制，保证垂直运作与平行考评的双重模式能够有效开展。“无规矩不成方圆”，这一系列机制安排是保障企业风险管理体系得以有效发挥之根本。

其次，应有一套运作数据采集和传输的基本规则与流程，突出此类交易数据可获得的时效性、真实性和准确性。时效性要求衍生品交易数据应即时有效，真实性要求数据原生表达而非人为干扰，准确性则是运作数据流完整无误的体现，确保如此基于事实采样与风险评估而无偏见。

真实有效的数据流传输对风控管理的重要性是无论如何强调都不为过的，这方面的教训都是深刻的。例如，20世纪90年代，英国巴林银行一交易主管在新加坡期货市场遭遇亏损，交易数据被长期瞒报、隐藏和篡改，严重的失实数据导致风控管理失效，酿成巨亏最终引发近三百年历史的老牌银行被破产清算的悲剧。

最后，应建立明确的运作目标，保证运作流程透明，尽可能降低受

"市场先生"诱惑和恐吓的非理性冲动；强化运行过程的多角色同控同责，包括业务运营所涉及的财务、执行和风控等流程环节相互协作与相互制衡的规则安排。应努力实现收益、效率和管控构成的"三角形"动态最大化。

从风控管理流程来看，期货衍生品行业基本上形成了一套较完整的管理业务链，具体步骤大致可分为预算—授权—监控—评价—沟通—调整—反馈—警示—出场—评估。这一步骤简称为"十步法"，基本包括企业风险管理全过程，具有连贯性、递推性和迭代性等特点。其中，有几个环节值得重点关注，例如，"预算—授权"属于事前风控管理，如同现代企业规范预算制度要求一样，也需在前期运营基础上做出对冲套保的总体安排，并予以相应授权，这恰恰是企业决策层必须定夺的。但刚开始开展期现套保业务的一些企业易受市场行情影响，轻视在此方面的事前谋划，在运作时容易出错。又如，"出场—评估"属于事后管理环节，也容易被忽视，由于交易由具体参与人员进行，容易形成过于"人格化"的管理方式，可能缺少教训的总结，也难以形成经验沉淀，所以企业也就容易累犯类似的错误。

"遵守交规，安全第一。"就像交通规则一样，风控的规则和流程也是用血泪教训得来的。实际上，在实体生产企业的经营过程中，也需要进行内控管理机制和运营数据报告制度，但是因为衍生品市场具有保证金高杠杆性、逐日对账结算时效性等特有运作机制，企业介入期货衍生品市场必须对风控管理高度重视，树立正确的原则和意识，自上而下地建立并执行相应规则流程。

"Know-How"的内功与外力

衍生品市场运作需要有较强的专业能力和长期经验的积淀，要根据实体企业的经营状况，选择合适的方式与途径，体现出“专业的人做专业的事”这一经营理念。

如果大型企业不仅拥有某一种商品产业链上下游业务，还有相关产业的多元化经营，那么就应尽早主动建立期现融合的集中运营模式，将衍生品市场与实体产业市场进行战略性通盘规划，逐步构筑起企业规模经营的护城河。如果企业具有掌握产业供应链多环节的实力，则可考虑采用期现业务的内嵌运营模式，使期货运作嵌入相对应的现货供应链业务中，维持期现头寸动态管理。如果企业处于产业供应链某一环节上，且企业规模不大，针对这样的企业，建立专业人才团队成本就显得过高，所以选择期现业务的外包运营模式是比较合适的。

值得一提的是，企业介入衍生品市场需要专业公司的咨询和辅导，在起步阶段更是如此。实体企业初闯商品市场，其面临的游戏规则完全不同于传统现货市场，钱来得快去得也快，可能还没看明白市场情况就已成败局，这类案例时常发生。事实上，比较靠谱的做法是，企业应该聘请专业机构或外部专家展开咨询。专业机构等传授市场的专业“Know - How①”，来帮助企业设计和搭建适合自身现状的期现结合的运作体系和管理规则，使企业从一开始就走上正轨，而不是等到交了巨额学费之后才想起来应该请教专业人士。纵观涉足衍生品市场的境外大中型企业，大多都是这么做的，相信随着国内衍生品市场应用的扩展，中国企业也会越来越重视专业“Know - How”，以降低过高的试错成本。

随着期货品种日益丰富，企业涉及期货风险管理的实际需求也越来越大，这也逐步拓宽了期货衍生品“服务外包”模式的市场空间，关键在于

---

① Know - How 指的是从事某个行业或者某项工作所需要的专业知识、技术诀窍和实际经验等综合技能。

外包能否具备为实体经济提供专业服务。一方面企业通过与专业风险管理公司合作建立符合企业特点的套保方案、风控制度、价格风险管理模式；另一方面也为“外脑”机构丰富产品案例、延伸风险管理服务链提供机会。此外，在期货和衍生品市场逐步发展与扩容的大趋势下，相关专业机构的投研套保定制化报告也更具专业性、实用性。从海外期货期权市场发展的成熟经验来看，除了传统的期货经纪商外，还有融资型服务商、专业基金服务商、商品风险管理商等多类机构为企业提供专业服务。

期货衍生品市场有为实体产业服务的内在和外在的客观必然需求，产业客户所面对的期货市场运营模式与传统产业链上下游企业相对固定的模式是完全不同的，市场参与方众多且随进随出，存在多变量随动性和关联性的特征。如何建立一套完整的经营模式使期现虚实两个市场有效匹配起来，具备知识沉淀、经验积累和人才储备是必需的。

期现敞口率的奥义

从专业层面来看，期现业务的风控管理的核心要件可归到敞口率管理层面上。何谓“敞口率”？就是企业在现货市场与衍生品市场相对应的头寸和期现关系，换句话说，就是在经营过程中期现业务匹配的相关程度。例如，某企业有十万吨棉花库存将在未来三个月出售，传统意义的套期保值是用所对应的两万张合约在期货市场上对冲，期现数量与月份完全对应，此间没有净头寸敞口，此状况的敞口率便是零，这是教科书式的标准套保答案。

难道风险对冲就真的如此简单吗？如此这样，只需简单的加减运算一番即可。真正实操起来就过于简单机械了，“事情可简单些，但不可太简单”。在期现运作过程中，企业面临内外场景变化的状况，无论是现货还是期货市场，都是复杂且惊险的，所以操作不可能过于简化。在实际的套保对冲中，有时现货头寸略多于期货头寸，有时现货头寸略少于期货头寸，现货和期货时常处在非完全匹配状态，这代表了期现两个市场的变化常态，这种非对称式的敞口率总是处于一个上下松紧的可变区间内，教科书式的标准套保只是代表敞口率变动区间的一条中轴线的特例而已。

那么，为什么风险管理需要将敞口率维持在一定的可变区间之内呢?这还得回到对风险本源的认知层面。风险是“出现损失的可能性”，它的另一面便是“出现盈利的可能性”。市场风险的本质是盈亏存在某种可能，如果随时随地都处在完全套保对冲状况下，那么盈或亏将可能变成必然，这样不仅固化了风险损失成本，也丧失了市场收益的可能。市场专业人士要调整既有的“非白即黑”的确定性线性思维，也要采用概率思维方式来考量这种可能性。引入敞口率管理方法，便是在可预测范围内兼顾危机盈亏的两面性，更为贴近真实的市场变化状态合理有效地管控市场风险。

当商品处于紧供给高需求时期，大多呈现出较强的市场趋势，此时商品库存方可参考市场价格的长期势态，划分低位区、中位区和高位区。低位少做空，高位少做多，根据不同市场状况选择不同的套期保值应对方案，而非从头到尾都只采用简单的完全对冲套保方式，这样做能增加市场盈利的可能，也可以管控市场亏损的风险。比如，低库存带动现货市场持续上行，就需适当减少套保头寸，使期现敞口率有利于持有现货，从而获利。如果此阶段还维持完全套保，则必然浪费了市场难得的大好机会。这类机会是可遇而不可求的。

从认知到实际运作总是有距离的，往往需要大量实践和沉淀经验来融通，衍生品市场对冲套保业务也是如此。国内企业初入市场，大多都是采用教科书式的标准方案去锁定风险，但在实操过程中发现了不少现实问题。需要经过多年的实践积累摸索出适合企业自身的期现敞口率管理模式，逐步学会期现业务的“两条腿”走路，取得了长效业绩。例如，针对少数中央企业介入国内外期货市场从事套保业务，国资委早年就明确规定只能采用完全对冲标准方式，但是经过二十几年的实际运作后，企业发现一些实操困局，也探求了一些解决方案。通过细致调研和经验总结，国资委修改了原有规则，允许大型企业利用衍生品市场参与套保业务可以有一定的期现敞口率，并对敞口率的幅度进行了必要的规定，这说明国有企业开展套保业务的总体专业能力得到了提升，正在不断适应国际化市场竞争态势。

敞口管理的配与适

应用敞口率管理期现业务必须要考虑承担一定的风险，然而盈亏同源，躲避了风险，也会屏蔽获利，承受可控风险是为了获得可观的收益。交易者需要考量的是是否存在值得交易的盈亏比，以及评估自身的承受能力。根据企业现货经营规模和财务支配，可提前预估出上下限宽，保持敞口率处于相对合理的区间内。传统套保业务常有一个认识误区，认为企业期现操作只能锁死潜在的市场风险，不可以存在期现净头寸，也不会出现亏损。从商业角度来说，世上本就没有不亏的生意，这种过于僵化的思路会导致企业长期付出不必要的隐性成本。尤其对一些有条件、有能力的大型企业，还可能失去利用期现业务融通结合建立有效运作机制，而这一机制恰恰是大型企业实现产融结合的市场竞争力所在。

敞口率管理期现业务还需要用专业规则与机制来约束，归纳起来需关注以下三个要点：平衡性、适配性、动态性。

一是平衡性。期现风险对冲业务横跨了虚实两个市场，敞口率代表了这两方权重在时空之间存在一定的非对称平衡程度。在不确定性市场中完全平稳运营只是一种理想状态，过度追求理想时常会脱离现实。世事并非人们设想的一对一平等，期现头寸平分式的套保思路存在主观偏差。“二八效应”这种非对称式结构往往更靠谱些，平衡而非平等才是有效的。我们需要的是：更能接近客观市场的风控管理方式；适当评估市场波动的偏差区间；知晓风险与收益的可能性分布状况；考虑风险对冲套保方案的选择。

二是适配性。期现业务既有相互联动的关系，也有彼此时空不同步的特征。在制订敞口率管理方案中，企业应充分考虑相关头寸、期限和工具等方面的匹配状况。依据企业经营供应链的实际情况，维持期现净头寸的大小、现货库存与虚拟库存的时限关联，另外，不同现货经营时段要选择不同期货合约月份。而衍生品工具的选择也是有讲究的，用期货还是期权，场内还是场外，都是需要通盘考量的。即便是使用期权，也有不同玩法，比如，同样是对冲市场下跌风险，可以选择买入看跌期权，也可选择卖出看涨期权。场景不同，风险管理方式不同，对冲成本也不同，敞口率管理的选配性也就体现出来了。

三是动态性。在企业连续经营的情况下，库存现货的供需数量和周期通常是不同的。那么，期现套保业务的对冲大小和期限长短也相应有所不同，如套保业务跨期时段可以是周度、月度，还可以是季度，甚至可拉长到年度。这期间市场内外部环境的变化是不同的，尤其在较长周期配置过程中，商品期现结构可能会发生重大变动，不同阶段对应不同运作措施。

此外，套保敞口率还受一个重要因素影响，即企业经营税收，包括盈利当期所得税、交割环节的增值税等，因现货市场和期货市场的盈亏所得可能面临不同的税收处理，在期现对冲套保方案设计之初就应充分考虑，利用期现敞口率大小降低税收系数带来的不对称盈亏影响结果，所涉及税法、会计和套保等专业工作，是需要企业逐步平衡的。

套保业务方案难以保证能够包容市场的持续变化，没有一劳永逸的套保业务方案可以应对未来的一切。古语说得好，“穷则变，变则通，通则久”。市场在变，市场策略需要应变，风险管理也需跟着变，一定要避免犯僵化后视的毛病。所以，套保业务既要有底线思维，也要有动态思维，须主动调整期现敞口率以适应市场时势变化。

期现敞口率管理因企而异、因时而异、因景而异，需要多年探究和磨合，期间难免会经历教训，但也会有经验积累。期现动态适配是这一业务的难点，也是要点，最终支撑来源于企业培养出既懂现货经营又懂期货运作的精干团队人才。他们就像经验丰富的厨师，了解菜品原料，又熟悉佐品配料，更关键的是能较好地把握做菜火候，这些如果没有长年的历练是行不通的。普通人哪怕是将菜谱看得再明白，没有长年的烹饪经历积累，也难以炒出色香味俱全的佳肴。

企业风控专业部门应从敞口率视角来突出期现交易指标的实时监控，对于敞口限量和亏损承受额度、刚性止损等重大指标的设置，都应该基于企业自身行业属性和企业运营实际情况，再经过实际运营、压力测试等进一步改善与修正，进而坚持常态化和制度化的敞口率管理。产业客户套保需要建立精通期货与现货的专业化团队，更需要透彻研究市场状况，以及基于自身需求的科学决策方法，这样才能保持套保运作机制有效发挥。

坚持风险可控，还需充分考虑自身条件和市场对手的承受度，在超出授权和承受能力时，要及时减仓、刚性止损，不要丢失底线。期现敞口率套保还应分层次展开，包括基础套保、战略性套保、利润套保等，基础套保在于对锁价长单以及期现敞口的滚动管理；战略性套保偏重利用期货价格发现的作用，在原料虚拟库存及产成品的预销售订单方面布局战略性套保头寸；利润套保则更多地锁定了上下游加工利润，稳定企业合理利润。除了期货工具外，企业亦可运用期权等市场内外衍生品工具，进一步丰富敞口管理的方式与方法。

预期偏差与敞口管理

企业长期参与期现敞口率管理，需要有一套良好的市场研究和评判体系来支撑业务，审时度势方可合理配置。企业不仅要掌握产业经营供需链变动，如库存动态变动与产业链经营利润分布偏差的扩展与收敛等，还需理解宏观环境、政策调整和事件冲击所导致的市场变化，如市场情绪变化与资金偏好流向与力度等。市场研究依据信息分析框架，在信息梳理、要素归因、逻辑演绎的递推过程中，敞口率管理借助有限条件下的贝叶斯概率的思维方法，在场景评判、时效交易、后验修正的操作过程方面构建起多视角互因、互应、互济的回馈式研投体系。

基于此思路，应借助前文所论述 CME 研投体系（偏差反应体系），明确核心要义就是立足于市场偏差结构及预期偏差变化。什么样的核心因素会影响偏差呢？市场逻辑又怎样使偏差演变？预期偏差将如何主导市场价格变动以及偏差驱动的持续长短等诸多情况，我们应把关注和研究精力放在现实与预期偏差的反应上面，不仅要观察反应速度，更要观察反应加速度，在市场可能性场景中做出期现敞口率高低的动态选择（见图 9－6）。

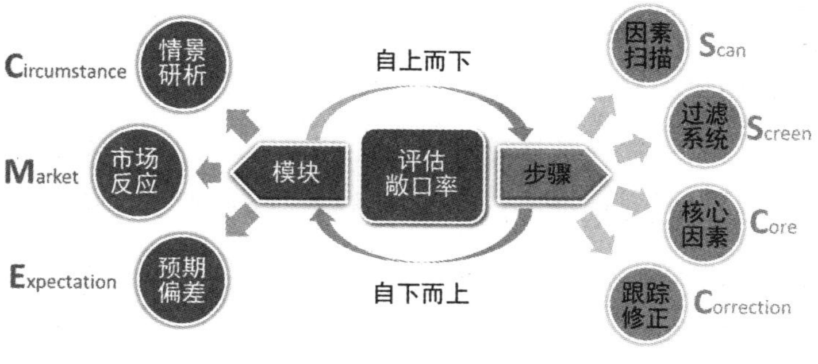

图 9－6 四步骤三模块二层面一敞口

综合而言，可得到“四三二一”模式，即四个步骤（过滤、核心、偏差、修正）、三个模块（情景研判、市场反应、预期偏差）、二个层面（自上而下的研究、自下而上的交易）、一个敞口（期现敞口率管理），由此搭建起动态调整和互为验证的开放式体系，且在此基础上不断地更新迭代。

从实操过程来说，企业可以先采用比较简单的完全套保方案，逐渐尝试敞口率管理，不可操之过急，以免酿成事故。这好比学习开车，新手司机上路总是有些紧张，常会油门和制动双脚并用，车还在行驶，但明显出现了动力内耗，虽前行缓慢，倒也比较安全。驾驶一段时间后，司机也经过了一定磨合期，不仅熟悉了油门和刹车的离合状态操作，还晓得了常见的行进路况，开车也会变得越来越从容，可根据道路平顺和颠簸程度，该给力时便加油，该放缓时便踩刹车，逐渐进入车行有度、操控有节自然状态。

以境外成熟的衍生品市场的经历来看，据统计约有八成的全球500强企业涉足风险管理对冲业务。随着市场环境的不断变化以及企业自身风险管理需求的增多，越来越多的国内企业也开始参与套保业务，多数产业公司都面临这一新课题。但是，“长城筑成非一日之功”，公司决策层先要树立对期货衍生品市场的理性认识观，再着手设计一个中长期规划。对期现结合风险对冲此类相对陌生的业务方式，应从小做起，由易到难，逐步积累市场经验，建立研究与交易运行模式，打造专业人才团队。

在市场不断发展的今天，相信众多企业会不断提高学习能力和应用能力，能够在未来市场大潮中行稳致远。

本章结语

- 期货衍生品是一个高度专业化的行当，具有“小市场”渗透“大产业”的特征。

- 期货衍生品市场玩家众多，大致可分为“货主”与“钱主”两大阵营，有时还会出现“有形之手”，传统产业的上下游经营思路是很难应付此局面的。

- 风险的本原不仅显示了“出现亏损的可能”，也隐含了“出现盈利可能”，真正的危机意识在于具备祸福相依的高阶思维。

- 风险管理核心要义在于单次博弈的最优状态转向多次博弈的次优状态的过程，以努力实现风险管理“三角形”动态平衡而非平等。

- 风险管理体系应具有可知、可承、可控的“三可原则”，由此建立起连贯—递推—迭代的“十步法”全流程。

- 市场处于低供给高需求的持续景气阶段，是可遇不可求的，此时再去施行完全对冲套保方案，是不明智的。

- 期现敞口率横跨了虚实两个市场，代表了两方权重非对称关系，体现出平衡性、适配性和动态性。

- 敞口管理需因企而异，因时而动，因景而变。没有一劳永逸的风险对冲方案能够应对未来一切。将预期偏差反应与期现敞口管理相结合，可派生出一套较完整的互动运作模式。

- 从理论到实践是有距离的，期货及衍生品市场的“Know - How”往往是需要专业培训、时间打磨和经验沉淀才能取得的。

附 录
期货业改革发展面对面①

在国内资本市场三十周年之际，《证券时报》记者就期货行业的格局演变、期货公司当下的发展机会和挑战，以及在金融混业的趋势下，国内期货公司未来应如何定位等一系列问题对中粮期货董事总经理兼研究院院长焦健进行了相关对话。

焦健认为，过去十余年来，期货行业格局发生了巨大变化，从期货行业整体的收入机构来看，国内期货市场并不是不赚钱的，只是期货公司不赚钱。我国期货市场应参照国际市场相对成熟的模式，采取多层级的会员类型，赋予相应的“责、权、利”，促进整体行业分配更为合理、透明、对等；从发展格局上来看，我国期货行业有望迎来重大开放阶段；从期货公司的业务特点来看，未来将逐步分化为以金融业为背景的综合性公司和以产业为背景专业化公司；从面临的挑战上看，当前我国期货行业总体利润水平仍然较低，期货公司同质化竞争现象严重，行业集中度不高。

建立大宗商品市场定价权是发展期货行业的重任，中国期货市场应突破传统期货市场以供给方为主导的定价模式，需在市场的广泛性、公允性

① 根据2020年《证券时报》专访报道相关内容整理。

和包容性三方面下功夫，才能充分发挥出期货市场价格发现和套期保值的市场功能。

以下为相关对话内容。

期货行业的格局演变是怎样的?

我国期货行业经历了较为曲折的发展历程，从无至有，由乱及治，从不成熟到成熟，历经考验后到目前得以全面发展。大致可分为四个阶段。

第一个阶段——生根发芽：1988—1992 年，国务院指示有关部门对国外期货制度开展研究；第七届全国人大一次会议的政府工作报告中，明确提出要探索期货交易；1990 年 7 月，国务院批转《商业部等八部门关于试办郑州粮食批发市场报告的通知》，郑州粮食批发市场引入期货交易制度，标志着我国第一个商品期货市场诞生。这一时期，各地纷纷效仿成立交易所，交易品种也急剧增加，国内期货市场出现盲目发展的“市场乱象”，由此中央政府开始了第一次清理整顿，市场秩序得以规范。

第二个阶段——监管规范：1993—2000 年，国家有关监管部门针对“市场乱象”暂停了国债期货交易，期货交易所也只保留了 3 家，《期货交易管理暂行条例》开始实行。2000 年底，中国期货业协会成立，标志着我国期货市场三级监管体系正式建立。

第三个阶段——逐步完善：2001—2009 年，国家首次在五年计划纲要中明确提出要稳步发展期货市场。2004 年，我国发布“国九条”；2006 年，中国金融期货交易所挂牌成立；2007 年，国务院修订发布《期货交易管理条例》，中国证监会推出相关配套规则文件，我国期货市场得以进一步规范。

第四个阶段——着力发展：2010 年至今，我国期货市场监管体系和法规体系不断完善，各种新品种、新工具陆续推出，对外开放步伐加快，期货行业服务实体经济功能得到发挥。同时，我国期货市场的国际影响力显著增强，逐渐形成全球最重要的大宗商品衍生品交易市场和快速发展的金融衍生品市场。

从业务特点看，行业代表性公司的分类方式如何？

近年来，中国期货市场的“马太效应”不断加剧，行业收入利润向“二八效应”分化明显，期货公司市场集中度大幅提升，优质期货公司向国内大中型城市聚集的势头较为明显，尤其是华东、华北和华南地区，而且期货公司的头部化竞争仍在加剧，优秀的客户、人才资源均向其不断聚拢。

从期货公司的控股结构来看，随着期货衍生品市场的开放和扩张，我国期货行业经历了产业控股、券商控股、银行系控股等状况。国外期货公司已有不少全能型金融公司，具有经纪、结算、代客理财、场外交易、基金管理、顾问、融资等综合功能，收入渠道也趋于多样。在金融行业开放、金融供给侧结构性改革以及金融监管一体化发展的背景下，期货行业将引进有效的管理经验、优秀人才和先进的市场技术。从期货公司的业务特点来看，期货公司将逐步分化为以金融业为背景的综合性衍生品服务公司和以产业为背景的专业化衍生品服务公司。

如何看待这十年来券商系期货公司的崛起？这给行业带来了怎样变化？

近年来，券商系期货公司崛起同步于我国金融期货的发展，这与建立多层次资本市场的金融政策密不可分。自 2010 年股指期货上市以来，金融期货经历了从无到有、从有到强的发展历程，中金所已推出股指期货、国债期货、股指期权等品种。而券商系期货公司的股东背景决定了其天生具有金融机构客户储备充足、多业务牌照齐备、金融衍生品交易力量较强等特点。2015 年，金融衍生品无论从成交量、资金量还是市场关注度等各个层面都主导了期货市场的发展，同时，券商系期货公司也乘势而起，获得了整体的发展，成为期货市场的主旋律，这也是符合海外成熟市场发展特征与路径选择的。当金融衍生品作为其亮点突破后，与其高度相关的其他品种，如黑色金属、有色金属等品种也被拉动，从而形成以点带面的辐射效应，造就了近十年券商系期货公司的崛起。

期货行业一直是金融和实体相结合的行业，二者共同作用能更好地完成其功能的发挥。券商系期货公司的大规模介入补上了传统期货市场资金厚度的短板，吸引和引导了多类型投资者的关注和参与，扩大了中国衍生品市场的整体影响力，推动期货行业长期和深远的发展。从国际衍生品市场的发展来看，金融衍生品发展的持续性是比较强的，包括汇率、利率、股指、个股期权等细分领域，都具备深厚的挖掘潜力，而商品期货跟随的是实体产业的发展，可选择的产品上市相对不足，例如，标准品与非标准品之间的风险对冲，商品与利率/汇率之间的互换掉期等专业性业务。所以，金融衍生品与商品期货之间并不是谁逐渐代替谁的关系，只是发展方向不同而已。根据 2019 年美国 CME 集团的年报可知，商品期货目前仍然有一定市场占比，且不可或缺。因此，券商系期货公司的发展有利于金融衍生品市场的多样化发展，也给予了商品系公司专业化的提升。

产业类期货公司在目前行业格局下应该怎样突围?

传统产业背景期货公司的生存现状是比较艰难的，亟须进行突破改革，寻求新的发展空间。根据2019年已经披露业绩报告，全国140多家期货公司的合计利润在60亿元左右。其中，前十名的总利润超过30亿元，头部效应十分明显，且多属于券商系背景下的公司。券商背景的期货公司大规模介入，使传统的经纪业务同质化严重，手续费用的持续价格战，以及券商系客户资源的天然优势，是近几年期货行业“二八效应”明显的主要原因之一。商品产业类的期货公司在面对市场竞争时，需加速自身的变革，逐步摆脱经纪业务单一的收入模式，重点发展大宗商品与产业之间的服务对接，提升风险管理的综合服务能力。

由于大宗商品具备更强的全球贸易属性，通过国际业务的拓展，也能为客户提供更专业的全局服务，并能拓展全球客户资源，有利于商品定价权的再梳理。总体而言，期货行业是典型的小行业大市场，营收与利润都无法与证券行业相比，但是其背后的大宗商品市场是可以反映出全球宏观经济形势的，也使我们能够感受到全球广义市场的冷暖。期货行业需要打破不断压低经纪费用的固有思维和路径依赖，抓住更广阔的期现业务及国际化业务，虽然面临诸多困难，但这是未来专业期货公司破局的主要方向。

期货公司业务模式演变对创新业务的发展有何影响?

首先，无论是券商系还是产业系期货公司，都应从传统经纪业务走出来，重点发展创新业务。期货公司资管业务从2012年一对一产品摸索起步，经历了前期的快速发展，以及资管新规整顿后的再出发阶段。依据境外金融资产模式的发展历程，商品衍生品市场往往是寻求大类资产配置Alpha收益的必要选择。如境外投资银行的FICC组合配置业务中大宗商品衍生品都占一定占比，甚至一些保守的主权基金也会选择商品衍生品市场做少量配置，商品衍生品市场的高杠杆性和差异性，让其成为大类资产配置整体中不可或缺的“调味品”。国内期货公司应整合自身在衍生品方面的市场研究和风险管理经验，注重投研人才培养与吸纳，深耕主动管理，致力于将自身打造成为专业的衍生品管理机构，如何打造品牌，成为委托人风险管理专家，与委托人形成长久合作互信关系是公司思考与摸索实践的主题。

其次，期货公司另一发展平台则是风险管理业务，相对于传统的经纪业务，风险管理子公司推出的金融与实体之间衔接的“最后一公里”的多样化模式，也是服务实体经济的“接地气”业务。风险管理业务拓展可以派生出不少商业模式业务，能够在一定程度上让公司脱离由经纪业务收入日益下降带来的经营困境。随着实体企业外部经济环境不可预见性的变化，市场经营风险对冲的必要选择已无法回避，国内参与期货市场交易、进行风险管理的实体企业的数量和规模正在逐年增大，期货公司设立子公司为企业提供了量身定做的风险管理服务，除了开展场内交易，也可以增大场外期现贸易业务，拓展了场外衍生对冲业务范围，如为企业传统供需商品设立含权贸易合同，实现场内外交易形式的多样化，这有利于解决众多中小企业的市场价格风险管理的诸多问题。这些业务极具有发展前景。截至2019年6月末，共计80家期货公司在中国期货业协会备案设立了82家风险管理子公司，总资产477亿元，同比增长50%，业务收入超千亿元，同比增长90%。

最后，国际化业务也是当前期货业发展的必然趋势之一，这是实现“引进来，走出去”的大战略，对外开放的服务职能更需要具备开放性思维。以香港金融衍生品市场为例，2019年至今，香港金融市场面临前所未有的挑战，期货类公司也遭遇经营困难，面对激烈的市场环境，香港期货公司普遍采取多元化业务策略，除了开展2号牌期货业务外，普遍申请证券、资管牌照，一站式提供各类投融资服务及产品，满足客户风险管理和财务管理的综合需求。随着中国金融市场的逐步开放，香港金融市场的竞争将愈加激烈，打造期货公司国际业务的差异化、专业化的核心竞争力将成为香港期货公司的重要发展路径。

期货行业未来能否告别佣金补贴的模式?

当前，期货公司是国内期货市场业务的推进主体，承担了较大的成本，交易所和期货公司之间进行结算并由期货公司对客户进行再结算，期货公司层面承担了更多的市场风险，因此期货公司理应成为市场收益分配的主体之一。

目前，虽然创新业务取得了很大发展，但主要集中于头部公司。对于全行业来说，经纪业务仍旧是行业的主要收入来源。随着行业内经纪业务恶性竞争的不断加剧，经纪业务收入持续下滑，多年形成的交易所佣金返还方式成为行业生存的救命稻草，这也是期货市场的致命软肋。随着国内金融市场加速开放，这是不可持续的，势必将逐步告别这一模式。以期货行业发达的美国市场为例，代理交易公司及其会员占行业收入比例并不低。从期货行业整体的收入结构来看，国内期货市场并不是不赚钱的，只是期货公司不赚钱而已。

我国期货市场应参照国际市场上相对成熟的模式，采取多层级的会员制，赋予会员相应的“责、权、利”，促进整体行业分配更趋合理、透明和对等。如可采用“结算手续费”的分配方式，在交易所和期货公司之间调整划分结构。

期货行业未来如何在全球大宗商品市场取得定价话语权?

这是行业的大课题，也是国家发展期货市场的主要宗旨。从全球商品市场形成历程来看，欧美主要经济体经历了一二百年的市场拓展，搭建了传统大宗商品市场的定价游戏规则和市场容量，形成了以商品供给方为主导的定价权模式。换句话说，在大宗商品市场供求买卖双方并不是平等的，如我国这样的后来崛起的巨大需求方，在全球商品市场定价方面得不到充分话语权。从全球商品市场来看，我们需要建立更为公平的买卖双方定价机制和市场规则。所以，我们发展期货市场的一个重要出发点就是建立适合全球商品贸易供求双方的定价市场。

商品市场定价权形成有其必然条件，是需要一系列合理的规则安排和严谨的体系保障的，也源于市场交易的长期沉淀和积累。这里有三个表现特征：一是市场应促进市场利益相关各方积极主动参与，以体现市场定价形成的广泛性，国内期货市场的逐步国际化正是实现这一目的必然选择，只有这样，才能形成全球市场认可的市场定价；二是建立公开、公平和公正的市场价格形成机制，保证利益各方在市场价格博弈过程中的必要利益诉求，从而形成市场定价的公允性；三是应在市场价格风险可控的状况下，允许市场各方充分竞价，而不宜过度管控市场的波动，导致市场价格预期失真，这就体现出市场定价的包容性。

因此，期货市场应在广泛性、公允性和包容性三方面下功夫，这既要防范市场高流动性而造成市场系统性风险，又要避免过度风险管控导致市场竞价公允性失准，市场规则以及交易机制都应尽量保持这三者构成的“三角形”最大化动态平衡，这是衍生品市场得以发展壮大的重要依靠。有了公允的市场定价机制，才能保证期货市场“价格发现”的真实可信度，才能具有市场未来预期价格的现实指导意义。实体企业以此为依据展开基差点价等套期保值业务，才可能维持市场持续且有效的作用，交易所也就自然发挥出商品定价中心的强辐射优势。

目前，期货公司发展要面临哪些机会和挑战？

从机遇来说，国内期货市场规模不断扩大，品种供给力度加大，运行质量和服务能力显著提高，对外开放进一步深化，市场积累了丰富的交易、风控及监管经验和专业人才储备，为期货公司发展奠定了基础。

从挑战来说，当前我国期货行业总体利润水平仍然较低，经营财务杠杆率远低于国际同行，期货公司同质化竞争现象严重，行业集中度较低。随着我国期货行业对外开放的加速，期货行业竞争将越来越激烈。可以看到，境外机构往往是投行主打、混业经营的模式，业务模式更丰富，资金实力更雄厚。除了期货经营之外，在证券经营、风险管理、投资银行等方面还具有丰富的经验，拥有更多的复合型人才。相比之下，国内期货公司在风控、交易、系统、硬件、技术和人才等方面都面临外资的巨大挑战。

期货公司上市对行业发展具有重要意义。一是未来会有更多公司运用上市方式来实现其融资目的，融资以后期货公司可开展资本市场运作，进一步扩大市场规模，提升市场份额；二是将促使期货公司进一步完善法人治理结构，在监管机构、投资者和媒体公众的共同监督下，提升治理结构、管理水平和防控风险的能力；三是促进期货公司品牌提升，增强其市场影响力。

期货公司在创新业务驱动下将如何定位与发展？

未来，期货公司依然要紧紧围绕服务实体经济发展这一宗旨，为实体企业转型升级、实体经济提质增效发挥积极作用。国内期货公司的发展趋势体现在三个层面。

第一，公司个体层面将更加分化，不同的期货公司将根据自身优势特点进行差异化经营，既有综合性模式，又有专业化模式，也将逐步形成小行业大市场的多样生态经营环境。

第二，期货公司将更加注重内涵式发展，更加突出专业能力打造，包括综合性研发、多元化服务等内容；更加注重对于复合型高端人才的引进、培养和使用，既懂现货又懂期货、既懂场内业务又懂场外业务、既懂国内市场又懂国外市场的人才，将进一步得到市场的青睐和认可；更加强调提升整体抗风险能力，面对将来各种市场风险波动的局面，期货公司将进一步加大公司资本、公司治理、内控机制、客户权益保护、信息系统安全等多方面的风险管理力度。

第三，从行业层面来看，更需要期货行业自身的供给侧结构性改革，由上而下鼓励期货公司优胜劣汰，适度竞争，提高行业集中度，促使期货公司能够在良性竞争的环境下以更多的精力开展客户风险管理、资产财富管理、产业经营风控、贸易供应链流通等业务，不断提升自身可持续竞争力，实现健康可持续的良性发展。

推荐阅读书目

（一）经济类

[1] 中国期货业协会编：《期货及衍生品基础》（第三版），中国财政经济出版社 2021 年版。

[2] 中国期货业协会编：《期货法律法规与职业道德》，中国财政经济出版社 2021 年版。

[3] 廖楚晖著：《经济学方法论》，中国财政经济出版社 2016 年版。

[4] E. 阿伦森著，邢占军译：《社会性动物》，华东师范大学出版社 2007 年版。

[5]（美）威廉·庞德斯通著，闾佳译：《无价：洞悉大众心理玩转价格游戏》，浙江人民出版社 2013 年版。

[6]（美）罗伯特·席勒著，陆殷莉译：《叙事经济学》，中信出版集团 2020 年版。

[7]（美）丹尼尔·卡尼曼著，李爱民译：《思考，快与慢》，中信出版社 2012 年版。

[8]（美）雷德·海斯蒂等著，谢晓非等译：《不确定世界的理性选择——判断与决策心理学》，人民邮电出版社 2013 年版。

[9]（英）查尔斯·麦基著，张历译：《大癫狂：非同寻常的大众幻想与全民疯狂》，北京邮电大学出版社 2009 年版。

[10]（美）安妮·杜克著，李光辉译：《对赌：信息不足时如何做出高明决策》，中信出版社2019年版。

[11]（美）汉格斯特龙编著，李准译：《从牛顿、达尔文到巴菲特：投资的格栅理论》，机械工业出版社2002年版。

[12]（美）乔治·索罗斯、拜伦·韦恩、克里斯蒂娜·科南著，真如译：《索罗斯：走在股市曲线前面的人》，海南出版社1997年版。

[13]（德）安德烈·科斯托拉尼著，丁红译：《最佳金钱故事》，海南出版社2007年版。

[14]（美）纳西姆·尼古拉斯·塔勒布著，雨珂译：《反脆弱》，中信出版社2014年版。

[15]（美）威廉斯著，渠波译：《交易心理优势》，机械工业出版社2014年版。

[16]（美）阿科特著：《行为金融学：心理、决策与市场》，清华大学出版社2010年版。

[17]（美）茨威格著，刘寅龙译：《当大脑遇到金钱》，广东经济出版社2009年版。

[18]（美）迈克尔·卡沃尔著，吴飞译：《趋势跟踪》，中国青年出版社2010年版。

[19]（美）西格尔著，李月平等译：《投资者的未来》，机械工业出版社2007年版。

[20]（美）霍华德·马克斯著，刘建位译：《周期》，中信出版社2019年版。

[21]“讲故事　学期货”金融国民教育丛书编写组编：《期货的套保和套利》，中国财政经济出版社2021年版。

（二）科技类

［22］沈小峰著，《耗散结构论》，上海人民出版社 1987 年版。

［23］（美）钟开莱著，龚光鲁译：《概率论教程》，上海科学技术出版社 1989 年版。

［24］（比）普里戈金著，曾庆宏译：《从存在到演化》，北京大学出版社 2007 年版。

［25］曾谨言著：《现代物理丛书：量子力学》，科学出版社 2000 年版。

［26］胡寿松主编：《自动控制原理》，国防工业出版社 1994 年版。

［27］孟秀云编：《导弹制导与控制系统原理》，北京理学出版社 2003 年版。

［28］杨展如著：《分形物理学》，上海科技教育出版社 1996 年版。

［29］（美）沙格瑞著，田静如译：《温度，决定一切》，天下文化出版社 2005 年版。

［30］（美）戴夫·邦德著，徐婧译：《人工智能》，广东科技出版社 2020 年版。

（三）人文类

［31］黄寿祺、张善文译著：《周易译注》，上海古籍出版社 2007 年版。

［32］老子著，苏南注：《道德经》，江苏古籍出版社 2001 年版。

［33］陈鼓应著译：《庄子今注今译》，中华书局 2009 年版。

［34］黎翔凤撰：《管子校注》，中华书局 2004 年版。

［35］吴如嵩、于汝波等编著：《孙子兵法解说》，金盾出版社 1994 年版。

［36］（汉）黄石公著，王伶编译：《六韬·三略》，三秦出版社 2008 年版。

［37］（明）刘基著，王伶编译：《百战奇略》，三秦出版社 2008 年版。

[38]（宋）朱熹撰：《四书章句集注》，中华书局2011年版。

[39]（明）王阳明撰，于自力等译：《传习录》，中州古籍出版社2008年版。

[40] 毛泽东著：《毛泽东选集·矛盾论/实践论》，人民出版社1991年版。

[41] 季羡林著：《季羡林禅心佛语》，中国书店2008年版。

[42] 易中天著：《中国智慧》，上海文艺出版社2011年版。

[43] 梁漱溟著：《中国文化的命运》，中信出版社2010年版。

[44]（宋）张学士：《棋经十三篇》，中华书局2010年版。

[45] 张宇鹏著：《藏象新论——中医核心观念与理论范式研究》，中医药出版社2014年版。

[46] 许倬云著：《中西文明的对照》，浙江人民出版社2013年版。

[47]（德）尼采著，刘烨译：《尼采的智慧》，中国电影出版社2005年版。

[48]（法）古斯塔夫·勒庞著，戴光年译：《乌合之众》，新世界出版社2010年版。

[49]（美）M·斯科特·派克著，于海生译：《少有人走的路》，吉林文史出版社2007年版。

[50]（美）马克·布坎南著，李晰皆译：《隐藏的逻辑》，天津教育出版社2009年版。

[51]（美）阿维纳什·K. 迪克西特著，王尔山译：《策略思维》，中国人民大学出版社2002年版。

[52]（美）鲁吉罗著，顾肃，董玉荣译：《超越感觉：批判性思考指南》，复旦大学出版社2015年版。

后 记

持续近三年的新冠疫情，反复冲击了人们的社会生活、经济活动，甚至国际关系等诸多方面，也使我们每一个人都经历了一段不平凡的岁月。疫情对资本市场的影响同样巨大，“黑天鹅”事件引发市场沉浮激荡，大宗商品市场的剧烈行情变动更使市场内外的人们感受到与以往不同的“环境温度”影响，于是不少企业和个人开始关注并了解期货和衍生品市场的风险管理功能和方式，纷纷开始咨询市场的方方面面，这些都促使我静下心来总结长年从业的心得体会。市场浮沉，牛熊转换，得失随缘，在经历了中国资本市场不少故事后，在市场研究、交易心理和风险管理等方面，或多或少，我都有些认知和体悟。于是，在同事们和朋友们的鼓励和建议下，我会同公司研究院的同事们，将这些年来在公司内外以及高校等开展过的多次交流和演讲、心得和体会、纷繁庞杂的思路等进行了系统化整理，最终形成了本书。

由于能力所限，本书尚有不足之处，敬请读者批评指正。

在本书的编著过程中，得到了中粮期货研究院多位同事的大力支持和帮助。研究院副院长李楠多次参与书稿内容交流；刘佳良、陈阵、任伟和熊宽四位同事为文字整理付出了诸多努力，在此特表感谢！另外，张大龙、付斌、曹姗姗等同事为书稿内容提供了相关素材；范永嘉、柳瑾和黄少艺也为书稿内容提供了相关建议；贾博鑫、陈心仪和白杰等同事还参与整理了近年来的多个演讲文件，借此一并感谢！

本书成书过程中，得到了鹏扬基金总经理杨爱斌先生、悟源资产管理公司总经理曹胜先生和中粮期货总经理吴浩军先生等多位业内专家的指正，在此拱手致谢！

此外，中国期货协会红姝女士对本书进行了推荐，中国财政经济出版社也给予了极大帮助与支持，特此由衷感谢！

2023年3月于北京